Do teatro particular ao público

pequena
biblioteca
invulgar

Blucher

Bertha Pappenheim

Do teatro particular ao público

Organização e tradução
Julia Fatio Vasconcelos

Prefácio
Melinda Given Guttmann

Posfácio
Ilana Feldman

Do teatro particular ao público, Bertha Pappenheim
Série pequena biblioteca invulgar, coordenada por Paulo Sérgio de Souza Jr.

Publisher Edgard Blücher
Editores Eduardo Blücher e Jonatas Eliakim
Coordenação editorial Andressa Lira
Produção editorial Thaís Costa
Tradução Julia Fatio Vasconcelos
Revisão técnica Paulo Sérgio de Souza Jr.
Preparação de texto Antônio Castro
Diagramação Negrito Produção Editorial
Revisão de texto MPMB
Capa e projeto gráfico Leandro Cunha

Blucher

Rua Pedroso Alvarenga, 1245, 4° andar
04531-934 – São Paulo – SP – Brasil
Tel.: 55 11 3078-5366
contato@blucher.com.br
www.blucher.com.br

Segundo Novo Acordo Ortográfico, conforme 5. ed. do *Vocabulário Ortográfico da Língua Portuguesa*, Academia Brasileira de Letras, março de 2009.

DADOS INTERNACIONAIS DE CATALOGAÇÃO NA PUBLICAÇÃO (CIP)
ANGÉLICA ILACQUA CRB-8/7057

Pappenheim, Bertha, 1859-1936
Do teatro particular ao público / Bertha Pappenheim ; tradução de Julia Fatio Vasconcelos. – São Paulo : Blucher, 2023.
174 p. (série pequena biblioteca invulgar)

ISBN 978-65-5506-433-9

1. Feministas – Alemanha – Biografia. 2. Pappenheim, Bertha, 1859-1936 – Biografia. 3. Teatro. 4. Psicanálise. I. Título. II. Vasconcelos, Julia Fatio. III. Série

22-4508 CDD 616.85240092

Índice para catálogo sistemático:
1. Pappenheim, Bertha – Biografia

Apresentação da série pequena biblioteca invulgar

São muitos os escritos e autores excepcionais que, apesar de mencionados em obras amplamente divulgadas no Brasil, ainda não se encontram acessíveis aos leitores. Surgindo muitas vezes como referências em textos consagrados, é comum conhecermos pouco mais que seus nomes, títulos e esboços de ideias. A partir da psicanálise como eixo organizador, a **pequena biblioteca invulgar** coloca em circulação, para psicanalistas e estudiosos das humanidades em geral, autores e escritos como esses. A série abrange desde títulos pioneiros até trabalhos mais recentes que, por vezes ainda excêntricos ao nosso panorama editorial, ecoam em diversas áreas do saber e colocam em cena as relações do legado freudiano com outros campos que lhe são afeitos. Também abriga novas traduções de textos emblemáticos da teoria psicanalítica para o português brasileiro a fim de contribuir, ao seu modo, com a rede de referências fundamentais às reflexões que partem da psicanálise ou que, advindas de outras disciplinas, nela também encontram as suas reverberações.

Conteúdo

Prefácio

"Cumpre estar pronta para o tempo e a Eternidade": o legado de Bertha Pappenheim

"One Must be Ready for Time and Eternity", The Legacy of Bertha Pappenheim (1996)

MELINDA GIVEN GUTTMANN (1944-2010), artista performática, foi professora do Departamento de Comunicação e Artes Cênicas da Faculdade John Jay de Justiça Criminal (Universidade da Cidade de Nova York – CUNY). Internacionalmente, ministrou palestras e apresentou sua performance intitulada "Anna O.'s Private Theatre" ["O teatro particular de Anna O."] sobre a vida e a obra de Bertha Pappenheim. Escreveu a biografia *In Search of a Jewish Heroine: The Legendary Life of Anna O./Bertha Pappenheim* [*Em busca de uma heroína judia: a vida lendária de Anna O./Bertha Pappenheim*]. Entre outras publicações, foi responsável por muitas resenhas de espetáculos, bem como uma série de artigos e performances sobre desastres nucleares. O Centro de História Judaica de Nova York abriga a Coleção Melinda Guttmann, um acervo de pesquisa que contém materiais elaborados por ela durante a criação de suas obras, além de farta documentação sobre Bertha Pappenheim e tópicos relacionados.

"Cumpre estar pronta para o tempo e a Eternidade": o legado de Bertha Pappenheim[1]

Melinda Given Guttmann

Bertha Pappenheim se tornou uma lenda duas vezes ao longo da vida. Primeiro como Anna O., descrita por Josef Breuer em *Estudos sobre a histeria* — livro que escreveu com Sigmund Freud — como uma histérica bela, frágil e poética, "de vitalidade intelectual transbordante", que "levava, no seio da família de tendência puritana, uma vida extremamente monótona".[2] Depois, como Bertha Pappenheim: a renomada, rigorosa

1 Texto publicado na revista *On The Issues* [*Sobre as questões*], no outono de 1996, e gentilmente cedido pela editora e chefe de redação, Merle Hoffman, para compor este volume. As imagens aqui presentes, inseridas na edição brasileira, foram cedidas pelo Museu Judaico de Frankfurt (cujo endereço, aliás, é Bertha-Pappenheim-Platz, 1) e pelo Instituto Leo Baeck de Nova York.

2 Freud, S. (1893-1895/2016). *Estudos sobre a histeria* (Obras completas, Vol. 2) (L. Barreto, trad.). São Paulo: Companhia das Letras, p. 41 [N.T.].

e carismática líder feminista e assistente social; uma "mãe espiritual" — idolatrada por alguns como uma "santa judia" — que viajou sozinha por toda a Europa Oriental resgatando, pesquisando e publicando artigos sobre mulheres em situação de desespero (prostitutas judias, vítimas da escravidão branca, esposas abandonadas e mães solteiras).

É impressionante que as origens de duas ideias revolucionárias do século XIX — psicanálise e feminismo judaico — encontrem-se unidas na história de vida de uma mesma mulher, muitíssimas vezes esquecida ou mal interpretada pelos historiadores. A história de Bertha (1859-1936) estende-se desde os anos de grande alegria do *fin de siècle* em Viena até o terrível pesadelo da Alemanha nazista de Hitler. Ela percorreu do "teatro particular", que a ajudou a se curar da "histeria", ao teatro público dos círculos intelectuais, artísticos e reformistas sociais alemães do entreguerras.

Bertha Pappenheim era uma heroína na Alemanha até seu nome ser apagado durante o Holocausto. Ironicamente, um selo postal com seu rosto foi emitido em 1954 pelo antigo governo da Alemanha Ocidental como parte de uma série intitulada "Benfeitores da Humanidade". A identidade de Anna O. só se tornou conhecida em 1953, quando Ernest Jones, biógrafo de Freud, rompeu o código de confidencialidade — uma ação abertamente contestada pelo primo de Bertha, também seu testamenteiro.

Desde então, a história de Anna O./Bertha Pappenheim tem sido repleta de mistério e controvérsia. Trabalhando em uma biografia de Bertha (considero patrilinear se referir às mulheres pelos seus sobrenomes), passei a última década explorando o pequeno arquivo de documentos salvos pelos seus seguidores que fugiram da Europa ocupada pelo nazismo. Os papéis que sobreviveram aos bombardeios da Segunda Guerra Mundial — incluindo alguns documentos até então desconhecidos, bem como a sua produção literária, geralmente ignorada — estão espalhados em arquivos e coleções de sobreviventes.

A maioria dos intérpretes de Bertha que sabiam tanto de sua afecção quanto de seu trabalho posterior presumiram que sua vida de solteira e seu feminismo revelavam vestígios patológicos de histeria. Estudos feministas, no entanto, criaram uma "lente" fina para conciliar o que parecia ser a constante mudança de personas, papéis ou máscaras de Bertha. Revisito Bertha não como uma paciente patética, mas como uma heroína que praticou a autocura psíquica e espiritual por toda a vida, o que ajudou a dar livre curso à sua enorme criatividade e coragem para realizar o que ela chamou de "pequenos atos sagrados" em nome das mulheres.

Bertha nasceu em 1859 em Viena. Breuer a retratou como uma jovem encantadora, espirituosa e delicada de 21 anos, aninhada no meio abastado e protetor da alta burguesia judia ortodoxa. Ela era pequena, tinha 1,50 m de altura, cabelos escuros e olhos azuis brilhantes. Breuer, um renomado médico e pesquisador que frequentava os círculos intelectuais, também atendia como médico de família para famílias prestigiadas. Ele foi chamado pela primeira vez para ver Bertha porque ela estava com uma tosse persistente e a família temia que ela tivesse contraído a tuberculose de seu pai. Embora Breuer tenha diagnosticado a tosse como "histeria", uma enfermidade que a maioria dos médicos da época tratava com desdém, ele não a abandonou. Foi atraído por essa jovem que ele descreveu com uma "vitalidade intelectual transbordante", com um "rico talento poético" e com o "dom da fantasia".[3] Rapidamente, porém, Bertha ficou acamada com sintomas graves, incluindo paralisia de três membros, distúrbios de linguagem e alucinações terríveis com serpentes e cabeças de caveira, que começaram a aparecer enquanto se dedicava aos árduos e diligentes cuidados do amado pai.

Breuer começou a atender Bertha todos os dias em sua casa e depois em um sanatório. O trabalho deles começou com ela entrando em um transe auto-hipnótico e contando a Breuer "contos de fadas" que ela chamava de seu "teatro particular".[4] Com cada "conto de fadas", Bertha experimentava alívio de sua angústia, sentindo-se calma e alegre. Por quase dois anos, de 1880 a 1882, Breuer e Bertha mergulharam em um método de cura pioneiro. O ato de fé de Breuer em levar sua paciente a sério foi, por si só, um rompimento com seus colegas.

Por um acaso, Breuer notou que, quando estava atento e repetia palavras que Bertha murmurava, ela se acalmava. A certa altura, os dois descobriram um método único de se

---

3 Freud, S. (1893-1895/2016). *Estudos sobre a histeria* (Obras completas, Vol. 2) (L. Barreto, trad.). São Paulo: Companhia das Letras, pp. 40-41 [N.T.].

4 Freud, S. (1893-1895/2016). *Estudos sobre a histeria* (Obras completas, Vol. 2) (L. Barreto, trad.). São Paulo: Companhia das Letras, p. 41 [N.T.].

relacionar. Breuer repetia uma frase ou uma palavra que pareciam carregadas de sentido, e ela começava a lhe contar um conto de fadas. Bertha havia, de fato, atraído Breuer para o seu "teatro particular". Ela chamava esse processo de *talking cure* [cura pela fala], quando estava séria, e de *chimney sweeping* [limpeza de chaminé], quando estava brincando.[5]

A atenção de Breuer para com sua paciente enferma era incomum numa época em que a maioria dos médicos que tratava a "afecção histérica" partia do pressuposto de que a histérica era uma impostora que usava sua afecção para se livrar do papel de filha abnegada, se tornar o centro das atenções e exercer poder sobre a família. Em vez disso, Breuer observava que Bertha era sempre honesta e possuía um intelecto vigoroso que precisava assimilar "um sólido alimento espiritual".[6] Ela tinha domínio do inglês, do francês e do italiano, e se mostrou promissora como artista e escritora na exclusiva escola católica de aperfeiçoamento para moças que ela frequentou, pois na cidade de Viena não havia escolas para meninas judias. No entanto, foi legalmente impedida, em Viena, de seguir no ensino superior devido ao fato de ser mulher. O judaísmo ortodoxo também considerava o trabalho acadêmico um âmbito exclusivo dos homens. O estímulo intelectual que ela almejava foi-lhe duplamente negado. Mais tarde, Bertha escreveu sobre o assunto: "Até agora, a concepção comum que

---

5 Freud, S. (1893-1895/2016). *Estudos sobre a histeria* (Obras completas, Vol. 2) (L. Barreto, trad.). São Paulo: Companhia das Letras, p. 53 [N.T.].

6 Freud, S. (1893-1895/2016). *Estudos sobre a histeria* (Obras completas, Vol. 2) (L. Barreto, trad.). São Paulo: Companhia das Letras, p. 40 [N.T.].

se tem da mulher consignou as filhas de famílias de classe alta a uma esfera educacional na qual elas são 'aperfeiçoadas' — um termo utilizado justamente em [...] um sentido irônico".

Atenta, de forma ostensiva, às luzidias convenções de jovem mimada e abastada, Bertha viveu, de fato, os contos de fada de sua imaginação. Foi se conectando com eles que Breuer fora capaz de ajudá-la a se curar. Nenhum enredo ou nenhuma imagem de seus contos foi anotado no histórico clínico de Breuer, mas as coletâneas de Bertha chamadas *Kleine Geschichten für Kinder* [*Pequenas histórias para crianças*] (1888) e *In der Trödelbude* [*Na lojinha de bugigangas*] (1890) provavelmente se assemelham com a efusão de seu "teatro particular".[7] Os temas de suas primeiras fábulas concerniam certamente à transformação simbólica de seu eu. Na lojinha de bugigangas, por exemplo, vários objetos defeituosos (um pedaço de renda, uma caixa de música, um moedor de café) curam-se de experiências dolorosas oferecendo as suas histórias para os objetos ao redor, em uma "cura pela fala" comunitária.

De acordo com o histórico clínico de Breuer, Bertha aparentemente se curou em junho de 1882. Há um mito persistente de que, após o tratamento, ela anunciou que seus sintomas haviam sido fabricados, e que Breuer a abandonou com uma gravidez histérica enquanto ela gritava "o bebê de B. está vindo!". Essas histórias foram postas em questão pelos estudos

---

7 Cf. respectivamente: [anônimo] (1888). *Kleine Geschichten für Kinder*. Karlsruhe: Druck der G. Braun'schen Hofbuchdruckerei; Berthold, P. [pseud.] (1890). *In der Trödelbude. Geschichten*. Lahr: Moritz Schauenburg, Lahr [N.E.].

recentes de Henri Ellenberger[8] e Albrecht Hirschmüller[9]. O que eles descobriram foi que Bertha passou seis anos, até 1887, indo e voltando de sanatórios — o Bellevue, de Binswanger, na Suíça (onde ela se tornou viciada em morfina); e o de Fries e Breslauer, em Inzersdorf (com sintomas histéricos recorrentes) — onde, em nome da intervenção psiquiátrica, enguias elétricas foram aplicadas em seu rosto, choques elétricos foram disparados em seu corpo e ela foi tratada com arsênico.

Aos 29 anos, Bertha emergiu do âmago do sofrimento pessoal com energia reluzente, compaixão e perspicácia. Ela renasceu ou se reinventou. O conteúdo de seu "teatro particular" foi transformado; a única marca de seu longo período de sofrimento era o seu cabelo, que ficou branco prematuramente. Bertha e a mãe mudaram-se de Viena para o local de nascimento da mãe, em Frankfurt, onde a presença fascinante de Bertha, sua sagacidade e sua inteligência afiada impeliram seu círculo próximo de parentes abastados e distintos — os Goldschmidt, os Warburg e os Rotchschild — a orientá-la na direção do trabalho filantrópico. Ela era adorada também pelo seu amor pela beleza, típico de Viena: especialmente a música, a ópera, a tecelagem e a coleção de rendas raras e objetos de arte antigos. Além disso, começou a publicar contos de fadas e se tornou publicamente conhecida como autora.

---

8 Ellenberger, H. (1970/no prelo). *A descoberta do inconsciente: história e evolução da psiquiatria dinâmica* (P. S. de Souza Jr., trad.). São Paulo: Perspectiva [N.E.].

9 Hirschmüller, A. (1978). *Physiologie und Psychoanalyse in Leben und Werk Josef Breuers* [Fisiologia e psicanálise na vida e na obra de Josef Breuer]. Bern: Verlag Hans Huber [N.E.].

A afecção histérica de Bertha serviu para o que Henri Ellenberger chama de "afecção criativa", talvez similar à "noite escura da alma" experimentada pelos místicos[10] e à "loucura iniciática" dos xamãs. Ela emergiu de sua provação transformada não somente com sua força de se curar, mas com a paixão de curar os outros.

Emergência como ativista

Bertha começou sua transformação completa em feminista pioneira e assistente social aos 36 anos. Em 1895, tornou-se a responsável por um orfanato judaico. Cinco anos depois, organizou um clube de moças, uma creche judaica e um clube de costura. Ela criou uma organização de assistência social mais ampla para mulheres e crianças em Frankfurt, chamada Weibliche Fürsorge [Assistência à Mulher], em 1902. Durante o mesmo período, Bertha, escandalizando a sensibilidade de seus colegas judeus-alemães assimilacionistas, viajou pela Europa Oriental resgatando, pesquisando e publicando artigos sobre vítimas de *pogroms* — durante os quais os seios das mulheres eram amputados e as meninas eram estupradas na frente de suas mães —, escravidão branca, e a situação precária de esposas judias abandonadas (as *agunot*)[11] e mães solteiras.

---

10 Cruz, S. João da. (séc. 16/2019). *Noite escura da alma* (A. C. de Souza, trad.). Curitiba. VSFortes [N.E.].

11 Na tradição judaica, *agunah* (עגונה) é uma mulher cujo marido desapareceu. Não sendo viúva nem divorciada, ela não pode se casar de novo, ficando presa ao matrimônio contraído [N.E.].

Em 1904, com 45 anos, influenciada pelas feministas cristãs, foi a criadora visionária e cofundadora do célebre Jüdischer Frauenbund [Federação de Mulheres Judias], a primeira organização nacional de mulheres feministas judias, na qual permaneceu como presidenta e líder carismática por vinte anos. A história das campanhas realizadas por elas foi publicada pela primeira vez por Marion Kaplan, uma acadêmica extraordinária.[12] Com seguidoras dedicadas, 50 mil alemãs judias, Bertha lutou pela igualdade política, econômica e religiosa para todas as mulheres judias, que eram consideradas duplamente inferiores: primeiro sob a lei patriarcal ocidental e segundo sob a lei judaica ortodoxa. Ela proclamou, com seu conhecido humor sarcástico, que "se houvesse justiça no mundo, as mulheres seriam as legisladoras e os homens teriam de ter os bebês".

Sua mãe morreu em 1905, e após um longo período de luto, Berta ficou livre para viajar por todo o mundo por períodos prolongados — sua fama internacional aumentou como resultado de suas cruzadas morais. Aos 50 anos, em 1907, ela concretizou sua visão ideológica feminista ao estabelecer um lar para moças desgarradas perto de Neu-Isenburg.[13]

---

12 Kaplan, M. (1979). *The Jewish Feminist Movement in Germany: The Campaigns of the Jüdischer Frauenbund, 1904-1938* [O movimento feminista judeu na Alemanha: as campanhas do Jüdischer Frauenbund, 1904-1938]. Westport: Greenwood [N.E.].

13 O local foi escolhido a dedo, já que o estado em que se situa, Hesse, ficava bem na fronteira com a Prússia e possuía leis consideravelmente mais brandas para as pessoas em vulnerabilidade social [N.E.].

O lar da Federação de Mulheres Judias em Neu-Isenburg (c. 1930). © Museu Judaico de Frankfurt

Crianças e cuidadoras da Casa II do lar de Isenburg (1937). © Instituto Leo Baeck de Nova York

Crianças e cuidadoras da Casa IV do lar de Isenburg (1937). © Instituto Leo Baeck de Nova York

Crianças brincando no lar de Isenburg (c. 1930). © Museu Judaico de Frankfurt

Residentes do lar numa excursão a Wiesbaden (1926). © Museu Judaico de Frankfurt

Anúncio do lar (c. 1935). © Museu Judaico de Frankfurt

Durante seu mandato como diretora, mais de 2 mil mulheres e crianças se beneficiaram de sua maternidade espiritual. O lar protegeu e educou garotas judias, mulheres jovens e seus filhos, que se encontravam às margens da sociedade, sem esperança. Ela escreveu: "Isenburg é um começo. Ele simboliza e dá continuidade ao trabalho das mulheres judias, e faz parte daquelas leis e daqueles segredos que nós podemos humildemente chamar de 'divinos'".

Bertha publicou seu livro mais conhecido, *Sisyphus-Arbeit* [*Trabalho de Sísifo*], em 1912, descrevendo a angústia das mulheres judias na Galícia e no Oriente Médio.[14] Ela se identificava com a figura mitológica de Sísifo em sua luta contínua de empurrar para cima a pedra da fé sobre a montanha do preconceito, repetidas vezes, para libertar a mulher judia, a despeito das derrotas desoladoras. Ela permaneceu diretora do lar por 28 anos.

Sua liderança política era conscientemente uma extensão da mestria de sua "cura pela fala". Ela escreveu:

> Sem imaginação, é completamente impossível organizar qualquer coisa [...] o aspecto criativo da organização, ao que me parece, contém um elemento artístico. O sucesso significa tanto para mim, em termos humanos, que preciso reagir com certo ódio perante o

---

14 Pappenheim, B. (1912/1924). *Sisyphus-Arbeit. Reisebriefe aus den Jahren 1911 und 1912* [Trabalho de Sísifo: cartas de viagem dos anos de 1911 e 1912]. Leipzig: Linder. O texto se encontra republicado em: Heubach, H. (org.) *Sisyphus: Gegen den Mädchenhandel – Galizien. Bertha Pappenheim, die Anna O.* Freiburg im Breisgau: Kore, 1992 [N.E.].

> desmembramento de uma organização que vislumbrei ou desejei, como um pintor ou escultor que vê destruída a sua obra.

A dinâmica que unifica as personas aparentemente contraditórias de Bertha, suas criações políticas e artísticas, sua vida interior e seu estar-no-mundo, é a sua contínua autocura por meio de seus atos imaginativos, que foram extensões e variações de sua *talking cure* original. Ao moldar sua vida imaginativa na arte, Bertha ganhou o que James Hillman chama de "um tipo particular de autoconhecimento que está além do eu", "com o qual vem um forte senso de destino. Nesse sentido, a imaginação fornece um sólido embasamento moral".[15]

Velhice atroz

"É tragédia ou dádiva ser velha e envelhecer?" — refletiu Bertha, aos 69 anos, no aniversário do clube de meninas que ela formara 25 anos antes.

> É uma tragédia quando nos damos conta das coisas que ainda queremos, que ainda são como molduras a serem preenchidas; mas, em alguns momentos, envelhecer é uma dádiva [...] quando sentimos que não passamos pelas coisas grandiosas sem por elas nos interessarmos — nesse momento, sinto a dádiva.

---

15 Thomas Moore citado por Hillmann, J. (1990). *The Essential James Hillman: A Blue Fire*. London / New York: Routledge, p. 50 [N.E.].

Bertha Pappenheim aos 75 anos de idade, desenhada por Joseph Oppenheimer (1876-1966). © Instituto Leo Baeck de Nova York

Naquele mesmo ano, comprou uma casinha em Isenburg, que ela esperava que se tornasse um centro para a vida cultural judaica depois de sua morte.

Adolf Hitler tornou-se chanceler da Alemanha em março de 1933, declarando o judeu como a encarnação do Diabo e instituindo o primeiro conjunto de leis raciais restringindo os direitos civis dos judeus. Bertha ficou apavorada ao ver as "nuvens ameaçadoras pairarem cada vez mais escuras sobre o horizonte judaico". Mas ela enfrentou o mal onipresente com publicações e discursos públicos ousados. Manteve sua identidade judaica alemã, que se revelou em dois temas que marcaram esse período da sua vida: um antissionismo firme e uma crença ainda mais firme de que o transcendente Deus de Justiça hebreu protegeria os judeus contra a aniquilação, mesmo na Alemanha nazista.

Ela foi descrita numa reunião política em 1933 como uma senhora delicada e antiquada vestida de preto, com um "fervor sagrado" contagiante. Sua raiva vulcânica, a base de sua criatividade, irrompeu novamente em uma prece por ela escrita:

> Uma fúria trovejante me preenche! Irei preservá-la — ela há de arder em mim [...] Vou gritar com uma raiva apaixonada, repetidas vezes, para condenar toda e qualquer injustiça.

No entanto, apesar dos tumultos da juventude nazista e das pichações antissemitas nas casas judias na pequena comunidade judaica de Isenburg, Bertha se agarrou à sua alegria de viver e à confiança romântica na verdade da beleza, típicas de Viena. Como um antídoto para o desespero, ela promoveu salões festivos nas noites de terça-feira para seu círculo íntimo *ki tov* [(e Deus disse que) era bom][16] de amigas e colegas. Se alguém fazia referência à sinistra perseguição aos judeus, Bertha respondia: "Nós não estamos no gueto". E para as objeções "Srta. Pappenheim... nós, judeus, não temos espaço", ela respondia: "Não precisamos de espaço; temos espaço espiritual, que não conhece limites".

Como muitos de sua geração, Bertha não conseguia compreender até que ponto o extermínio sistemático da população judaica por Hitler excederia qualquer *pogrom* anterior. Ela se tornou o que o filósofo Bergson chamou de "ativista mística", uma guerreira em nome da transcendência do espírito e da fé sobre a ideologia nazista ateia do *Volk* (a raça ou o corpo). Sua resistência espiritual ao nazismo cristalizou dentro dela o cerne do judaísmo. Ela manteve a primazia da fé e da oração como um encantamento sobre o mal político. Ao contrário de outros judeus alemães que permaneceram ingênuos ou em negação, Bertha estava perfeitamente ciente das circunstâncias, mas acreditava que a imanência de seu Deus de Justiça protegeria o povo alemão. Em 1933, ela escreveu: "Nenhum judeu poderia ter concebido a ideia da catedral de

---

16 Do hebraico, כי טוב. De acordo com as Escrituras (Gn 1:10-12), essa expressão teofânica foi pronunciada quando da criação da Terra, no terceiro dia (correspondente à terça-feira, portanto, já que no judaísmo o domingo é considerado o primeiro dia da semana) [N.E.].

Colônia porque [...] a concepção judaica de Deus iria estilhaçar a abóbada de uma catedral."

A *talking cure* de sua juventude se tornou o anjo necessário de sua velhice. Sua imaginação permaneceu transbordante com poderes visionários. De humor leve, no Shabat, Bertha evocava contos de fadas extravagantes para as crianças, dançava pela casa, irradiando "deleites infantis". Ela continuava tendo um efeito mágico em quem a ouvisse. As manifestações de seu "teatro particular" eram marcadas por orações, poemas, cartas, ensaios, traduções do iídiche e parábolas. O si-mesmo mais obscuro de Bertha, numa era sombria, utilizava as suas orações e parábolas como encantatórias respostas ao terrorismo nazista. O lema de Bertha, "amar o próximo", que é amar a Deus em outrem, era atenuado pelo que — em uma carta ao filósofo e judeu místico Martin Buber, em 1935 — ela denominou "ódio cálido". Ela proclamou:

> Odeio os rabinos que consideram as mulheres criaturas inferiores de Deus [...] Odeio os sionistas, que querem construir um país [...] sem honra e justiça [...] Odeio o oficialismo [...] que engrossa [...] o ódio ao que não é digno de amor.

Apesar de seu firme antissionismo, Bertha ajudou inúmeros amigos e conhecidos a emigrar para a Palestina. Pessoas imploravam por sua ajuda, já que ela ainda era reverenciada como uma das mulheres judias mais famosas da Europa. Embora sofresse gravemente de um reumatismo doloroso, ela continuou viajando bastante, conclamando todas as nações e religiões a trabalharem com ela no seu combate contra a escravidão branca e para estabelecer uma tutela coletiva mundial para crianças. Ela sofreu intermitentemente com crises de pânico e isolamento, lamentando que,

> depois de horas de solidão, eu me encontro dominada pelo pensamento doloroso e melancólico de que vivo como a última da minha linhagem, que ninguém rezará o Kadish por mim,[17] e então sou confortada pelo pensamento de que eu poderia ter tido um marido estúpido ou um filho caprichoso.

Ela escreveu ensaios sérios como "Die jüdische Frau" ["A mulher judia"] e "Das jüdische Mädchen" ["A menina judia"], em 1934;[18] e, com um humor ácido, vários obituários zombeteiros para si mesma, pelo ponto de vista de diversos jornais. Por exemplo:

> *Jüdische Rundschau* [*Panorama judaico*]: uma velha e ciosa oponente ao nosso movimento (sionismo) cuja consciência e força judaica não se podem negar.

---

17 Do aramaico, קדיש [santificação]. É a prece recitada em memória dos mortos, geralmente realizada pelos filhos ou parentes próximos [N.T.].

18 Ambos os artigos fazem parte hoje do acervo dos movimentos feministas alemães, arquivados na cidade de Kassel. Pappenheim, B. (25 ago. 1934/1963). Die jüdische Frau. In D. Edinger (org.). *Bertha Pappenheim: Leben und Schriften* (pp. 105-117). Frankfurt am Main: Ner-Tamid-Verlag; Pappenheim, B. (31 dez. 1934/1963) Die jüdische Mädchen. In D. Edinger (org.). *Bertha Pappenheim: Leben und Schriften* (pp. 118-128). Frankfurt am Main: Ner-Tamid-Verlag [N.E.].

Acreditava-se alemã, mas no fim não passou de uma assimilacionista. Que vergonha!

Um de seus colegas mais próximos era Martin Buber, o grande líder espiritual da Alemanha. Ela criticou sua nova tradução da Bíblia porque ele traduziu "Deus" com o pronome masculino, "Ele", e não "Eternidade". Nas palavras dela:

> Se me for permitido criticar a Bíblia, eu diria da posição injusta que a Bíblia atribui às mulheres. Está claro que se trata da escrita de um ser humano brilhante, mas masculino, e não um ditado divino [...] não há diferenças lógicas entre os sexos ordenados por Deus.

Bertha testemunhou o ritual nazista da queima de livros chamando-o de

> um sintoma de barbárie generalizada que se origina de uma sobrevalorização, assim como de uma subvalorização, dos livros [...] precisa-se mais de seres humanos que de livros, e o espírito não pode ser queimado.

Ela também escreveu que, tradicionalmente, era previsto que mulheres judias não deveriam aprender nada; que

> os homens dos livros trancaram as mulheres para fora da vida espiritual e de suas fontes; elas deveriam acreditar e agir — sem saber por que [...] Nada pode reparar este pecado contra a alma da mulher judia.

Um visitante da Palestina descreveu os olhos de Bertha:

> sempre atentos ao sofrimento humano, especialmente para todo o sofrimento judeu [...] eles viam, através da dor, o reconhecimento da vida imortal do povo judeu — esses olhos podiam reluzir em sagrada fúria —; a sua aparência lembrava os profetas.

A escrita de Bertha se tornou cada vez mais mística, mas ela permaneceu pragmática. Em 1934, levou um grupo de crianças — algumas de Isenburg — para um orfanato judaico em Glasgow, na Escócia. No ano seguinte, com 79 anos, Bertha foi diagnosticada com um tumor fatal. No último verão de sua vida, embora frequentemente com muita dor, foi para a sua casa em Viena e deixou sua coleção de rendas antigas e vidrarias para o Museu de Artes e Ofícios. Em Viena, é possível que ela tenha destruído todos os documentos referentes ao seu colapso de juventude e pedido aos familiares que não dessem nenhuma informação a respeito após sua morte.

Em setembro de 1935, Bertha foi para Amsterdã se encontrar com Henrietta Szold,[19] a líder sionista americana que estava organizando a imigração de jovens judeus alemães, com idades entre 15 e 17 anos, para a Palestina. Bertha, ainda acreditando que, de alguma forma, havia um lugar na Alemanha para os judeus sob o regime nazista, lutou contra esse

---

19 Henrietta Szold (1860-1945) foi fundadora da Hadassah, uma organização voluntária de mulheres sionistas voltada aos cuidados e direitos das mulheres. Em 1942, foi cofundadora do Ihud, um partido político na Palestina britânica dedicado a uma solução binacional [N.T.].

plano com toda a força que podia reunir. Foi só depois da aprovação das Leis de Nuremberg, em 1935, que ela reconheceu seu erro, mas ainda desprezava o que temia ser a criação coletiva de crianças na Palestina.[20]

Em 9 de abril de 1936, Bertha foi intimada pela Gestapo. Um menino com deficiência mental, que havia sido criado por um curto período no lar, fez comentários anti-Hitler e Bertha foi considerada responsável. Seu câncer estava bastante avançado, e embora seu médico a tenha aconselhado tentar transferir a audiência para a sua casa, ela insistiu: "Vou viajar". E se refestelou com a beleza da natureza durante a viagem.

O interrogatório durou uma hora e meia e veio à tona que uma denúncia pessoal contra ela havia sido feita. De acordo com sua amiga mais próxima, Hannah Karminski,[21] Bertha era sobre-humanamente grande em sua honesta indignação e calma inabalável; e mesmo nesse momento ela mostrou um pouco de humor, com o qual provou a sua superioridade. Fazer frente à Gestapo foi seu último grande ato.

De acordo com um relato de jornal da época, após a morte de Bertha, 93 garotas do seminário Beit Yaakov na Polônia, que ela supervisionava, cometeram suicídio quando

---

20 Cf. Liebermann, G. (2014/2023). *Freud no kibutz* (P. S. de Souza Jr., trad.). São Paulo: Blucher [N.E.].

21 Hannah Karminski (1897-1942) participou da Federação de Mulheres Judias na Alemanha. Foi editora de seu jornal entre 1924-1938. Quando a Federação foi dissolvida pelo nazismo, em 1938, ela entrou para a Reichsvereinigung der Juden in Deutschland [Associação de Judeus do Reich na Alemanha], ajudando no transporte de mais de 10 mil crianças para fora do regime nazista. Em 1942, foi presa e deportada para Auschwitz, onde foi morta [N.T.].

os nazistas decidiram transformar o lar delas em um bordel. As garotas fizeram um ritual de limpeza e depois tomaram veneno.

Helene Krämer,[22] que havia sido uma das amadas "filhas" de Bertha quando era uma criança órfã de 8 anos, assumiu como diretora do lar e permaneceu até 10 de novembro de 1938, a Noite dos Cristais.[23] De acordo com Helene, os bárbaros vieram com tochas e atearam fogo na casa. O pranto das crianças era horrível e desolador. Várias garotas sofreram ataques cardíacos por causa do medo. A maioria das meninas que Bertha havia salvado foi assassinada durante o Holocausto.

Até o fim, Bertha continuou com sua *talking cure*. Ela narrou um conto para Hannah chamado "Rosa retorcida", baseado nos irmãos Grimm, entrelaçando os temas que amava: juventude, lar, dor e o anseio pela felicidade pessoal.

"Se eu fosse olhar no espelho agora," gracejou Bertha para Hannah, "certamente iria parecer a mãe de Dürer naquele retrato que ele desenhou antes da morte dela. Ela devia ter algo parecido com o que eu tenho". Os amigos e o médico riram com ela desse comentário, e ela se recusou energicamente a

---

22 Grafado incorretamente no original: "Rramer". Helene Krämer (1881-1977) foi a última judia residente de Neu-Isenburg a escapar da Alemanha. Em outubro de 1941, fugiu para Cuba, onde esperou cerca de um ano até conseguir entrar nos Estados Unidos, terminando seus dias na cidade de Nova York [N.E.].

23 A Noite dos Cristais (9-10 de novembro de 1938) foi um *pogrom* organizado pelo governo nazista contra os judeus. O nome é dado em referência à grande quantidade de pedaços de vidros nas ruas das cidades da Alemanha devido aos ataques a lojas, sinagogas e edifícios que pertenciam a judeus. É visto como um marco pelo qual se consolidou a guinada de violência contra o povo judeu [N.T.].

se olhar no espelho. Na sexta-feira, uma semana antes de sua morte, ditou um poema derradeiro para Hannah:

> Sem ruído e sem alarde
> O tempo monta.
> Sem ruído e sem alarde
> Eu estou pronta
> A galgar Contigo.
> Sem ruído e sem alarde
> Cumpre estar pronta
> Para o tempo e a Eternidade.
> Aqui estás?
> *Pois dá-me a paz.*[24]

Martin Buber escreveu as seguintes palavras de comemoração em sua homenagem:

> Existem pessoas de espírito e existem pessoas de paixão; nenhuma delas é tão comum como se pensa. Há ainda, mais raras, as pessoas de espírito e paixão; mas o que há de mais raro é a paixão do espírito. Bertha Pappenheim era uma pessoa de espírito apaixonado. [...] Essa chama branca ardeu em nossos dias. Agora ela se extinguiu e apenas a sua imagem permanece conosco, refletida permanentemente nos corações que a conheceram. Passe adiante esta imagem, perpetue esta memória, testemunhe que ela ainda existe!

---

24 Karminski, H. (7 jun. 1936). *An die fernen Freunde von Fraeulein Pappenheim* [Aos amigos distantes da Senhorita Pappenheim]. Datiloscrito. Leo Baeck Institute, Center for Jewish History (Nova York) [N.T.].

Linha do tempo

Julia Fatio Vasconcelos

1859	Nasce em Viena, Áustria, numa família judia ortodoxa, em 27 de fevereiro, filha de Siegmund Pappenheim (1824-1881) e Recha Goldschmidt (1830-1905).
1865	Começa a frequentar a escola católica para meninas.
1867	Morre sua irmã mais velha, Henrietta Pappenheim (1849-1867), aos 18 anos, em decorrência de uma tuberculose.
1875	Deixa a escola.
1880	Fica responsável pelos cuidados do pai adoentado e é acometida por uma série de sintomas que a deixam de cama. Em novembro, inicia seu tratamento com Josef Breuer (1842-1925).
1881	Morre seu pai, em 5 de abril.

	Entre junho e novembro, é internada no sanatório de Inzersdorf.
1882	Ocorre o fim do tratamento com o dr. Breuer, em 7 de junho.
	É internada no sanatório Bellevue, na Suíça, no dia 12 de junho, onde recebe os cuidados de Robert Binswanger (1850-1910).
	Recebe alta em 29 de outubro.
1883/ 1884	Segunda internação no sanatório de Inzersdorf, de 30 de junho a 17 de janeiro.
1885	Terceira internação no sanatório de Inzersdorf, de 4 de março a 2 de julho.
1886	Participa da festa de casamento de Sigmund Freud (1856-1939) e Martha Bernays (1861-1951), no dia 14 de setembro.
1887	Ocorre sua última internação no sanatório de Inzersdorf, de 30 de junho a 18 de julho.
	Realiza um curso de enfermagem na Associação de Mulheres em Karlsruhe.
1888	Muda-se com a mãe para Frankfurt.
	Publica o livro infantil *Kleine Geschichten für Kinder* [*Pequenas histórias para crianças*] em anonimato.
1890	Publica o livro infantil *In der Trödelbude* [*Na lojinha de bugigangas*] sob o pseudônimo Paul Berthold.
1895	Assume o cargo de diretora do orfanato judaico para meninas em Frankfurt.

Publicação, em Viena, do volume *Estudos sobre a histeria*, da autoria de Sigmund Freud e Josef Breuer.

Participa da reunião da Federação Geral de Mulheres Alemãs [Allgemeiner Deutscher Frauenverein – ADF], em Frankfurt.

1897 Sob o pseudônimo P. Berthold, publica os artigos "Eine Frauenstimme über Frauenstimmrecht" ["Uma voz feminina sobre o sufrágio feminino"], "Es giebt keine Kinder mehr" ["Não há mais crianças"], "Eine Aufgabe ethischer Kultur" ["Uma tarefa de cultura ética"] e "Zur Frauenfrage vor hundert Jahren" ["Sobre a questão das mulheres há cem anos"] no periódico *Ethische Kultur* [*Cultura ética*], vol. 5, n. 14, 28, 37 e 51, respectivamente.

1898 Sob o pseudônimo P. Berthold, publica o artigo "Zur Erziehung der weiblichen Jugend in den höheren Ständen" ["Sobre a educação da juventude feminina nas classes superiores"], no *Ethische Kultur*, vol. 6, n. 8; e o artigo "Ein Beitrag zur Frage der Mädchen-Weisenerziehung" ["Uma contribuição para a questão da educação das meninas órfãs"] no *Die Frau* [*A mulher*], vol. 1, n. 6.

1899 Traduz *Reivindicação dos direitos da mulher*, de Mary Wollstonecraft, sob o pseudônimo Paul Berthold.

Publica a peça de teatro *Frauenrecht: Schauspiel in drei Aufzügen* [*Direito da mulher: peça em três atos*], sob o pseudônimo Paul Berthold.

Sob o pseudônimo P. Berthold, publica os artigos "Die Dienstbotenfrage als soziale Frage" ["A questão da criadagem como questão social"] e "Gemäßigte und radikale Frauenbewegung" ["Movimento feminista moderado e radical"] no *Ethische Kultur*, vol. 7, n. 41 e 45, respectivamente.

1900 Organiza um clube de meninas e uma creche judaica.

Sob o pseudônimo P. Berthold, publica os artigos "Hauspflege" ["Assistência domiciliar"] e "Ehe und freie Liebe" ["Casamento e amor livre"] no *Ethische Kultur*, vol. 8, n. 8 e 33, respectivamente.

1901 Participa de uma conferência sobre o tráfico de meninas.

1902 Funda a Assistência à Mulher [Weibliche Fürsorge], uma organização de bem-estar social para mulheres e crianças em Frankfurt.

Publica o artigo "Der zweite internationale Kongreß zur Bekämpfung des Mädchenhandels" ["O Segundo Congresso Internacional de Combate ao Tráfico de Meninas"] no *Ethische Kultur*, vol. 10, n. 44, assinando com o seu próprio nome.

1903 Viaja para a Galícia.

1904 Publica o relatório de sua viagem sobre a situação da população judaica na Galícia.

Funda a Federação de Mulheres Judias [Jüdischer Frauenbund – JFB].

1905 Morre sua mãe, em 4 de maio.

Viaja para a Polônia e para a Rússia.

1907 Ocorre a fundação, em 25 de novembro, da sede da Federação de Mulheres Judias em Neu-Isenburg. Nessa sede, funda o primeiro lar coletivo para mães solteiras e seus filhos, bem como para crianças e meninas retiradas da prostituição.

1909 Viaja para o Congresso Mundial de Mulheres em Toronto.

Publica o artigo "Gegen den Mädchenhandel" ["Contra o tráfico de meninas"] no periódico *Israelitisches Familienblatt* [*Gazeta da Família Israelita*], n. 17.

1910 Traduz *As memórias de Glückel von Hamelin*;

Publica o texto "Zur Judenfrage in Galizien" ["Sobre a questão judaica na Galícia"].

1911/
1912 Viaja para a Galícia, para a Rússia e para o Oriente Médio (Palestina, Egito e Turquia).

1912 Discursa no Congresso Feminino Alemão, em Berlim, sobre o tema "Mulheres na Igreja e na vida religiosa na perspectiva dos judeus".

1913 Publica a peça de teatro *Tragische Momente. Drei Lebensbilder* [*Momentos trágicos: três cenas da vida*].

1914 Ampliação do lar em Neu-Isenburg para incluir mulheres grávidas e lactantes (Casa II).

Fundação, em maio, da Federação Mundial de Mulheres Judias [Weltbund jüdischer Frauen] em Roma. Bertha Pappenheim é intitulada presidenta da Federação. Devido à eclosão da Primeira Guerra Mundial, a instituição é dissolvida em agosto do mesmo ano.

1914/1918 Premiada com uma medalha de guerra por serviços ao bem-estar durante a Primeira Guerra Mundial.

1914/1924 Membro do conselho da Federação de Associações de Mulheres Alemãs [Bund Deutscher Frauenvereine - BDF].

1917 Ampliação do lar em Neu-Isenburg para incluir crianças em idade escolar (Casa III).

É uma das lideranças na fundação do Centro de Bem-Estar Social Judaico na Alemanha [Zentralwohlfahrtsstelle der Juden in Deutschland - ZWST] por meio da Federação de Mulheres Judias.

1918 Ampliação do lar em Neu-Isenburg para crianças em idade escolar e para servir como ala de isolamento temporário (Casa IV).

Membro do comitê para a nova constituição da comunidade judaica.

Participa da organização de ajuda a refugiados de *pogroms* na Rússia e na Polônia.

1919 Participa da fundação do grupo frankfurtiano de trabalho sobre tuberculose entre judeus.

1923 Discursa no Congresso Mundial de Mulheres Judias em Viena.

Apelo da Federação de Mulheres Judias à Liga das Nações para lutar contra o tráfico de meninas.

1924 Discursa no 6º Congresso Mundial contra a Imoralidade, em Graz.

Publica o livro *Sisyphus-Arbeit* [*O trabalho de Sísifo*].

Fundação dos jornais da Federação das Mulheres Judias.

1926 Viaja para estudar na União Soviética.

1927 Consulta o secretariado da Liga das Nações a propósito do inquérito sobre o tráfico de mulheres.

1929/ Publica traduções de textos judaicos do iídiche
1930 para o alemão: em 1929, o מעשה בוך [*Maasse-Buch*], antiga coletânea de narrativas transmitidas oralmente; em 1930, o צאנה וראינה [*Tz'enah Ur'enah*], também chamado de "Bíblia das mulheres".

1930 Discursa no encerramento do Congresso Internacional de Combate ao Tráfico de Meninas, em Varsóvia.

1933 Assume pela segunda vez a presidência da Federação de Mulheres Judias.

1934 Renuncia à presidência da Federação de Mulheres Judias.

Viaja para Glasgow, Escócia, com o objetivo de acomodar crianças judias num orfanato.

1935 É diagnosticada com um tumor fatal.

É hospitalizada em Munique para uma cirurgia.

Viaja em setembro para Amsterdã, onde se encontra com a sionista Henrietta Szold (1860-1945).

Em novembro, faz sua última viagem para a Cracóvia.

1936 É interrogada pela Gestapo, em Offenbach, no dia 16 de abril.

Morre em Neu-Isenburg, em 28 de maio. É sepultada ao lado de sua mãe na ala judaica do cemitério de Frankfurt.

1938 No dia 10 de novembro, o lar que ela havia fundado em 1907 em Neu-Isenburg é queimado durante a Noite dos Cristais.

A Federação de Mulheres Judias é dissolvida à força.

1942 Os lares em Neu-Isenburg são fechados e as moças que lá viviam são enviadas para campos de extermínio nazistas.

1953 Ernest Jones (1879-1958), biógrafo de Freud, rompe o código de confidencialidade e revela a identidade de "Anna O." como Bertha Pappenheim.

1954 O Governo da Alemanha Ocidental emite um selo postal em sua homenagem, com sua efígie e os seguintes dizeres: "Bertha Pappenheim – Helfer der Menschheit" [Bertha Pappenheim – Benfeitores da Humanidade].

Do teatro particular ao público

BERTHA PAPPENHEIM (1859-1936) foi uma escritora, pioneira na assistência social e líder feminista na primeira metade do século XX. Teve um papel importante na criação da psicanálise e, mais tarde, na fundação do movimento feminista judaico na Alemanha. Entre 1880 e 1882, após o desencadeamento de severos sintomas com a morte de seu pai, recebeu os cuidados de Josef Breuer num tratamento que ficaria conhecido como o início da psicanálise, por ela nomeado como *talking cure* [cura pela fala]. Foi uma figura ativa na luta pelos direitos das mulheres na Alemanha e dedicou boa parte de sua vida a combater o tráfico de mulheres pela Europa e pelo Oriente Médio — tema sobre o qual publica, em 1924 (Parte 1) e em 1929 (Parte 2), o livro *Sisyphus-Arbeit* [*Trabalho de Sísifo*]. Em 1907, em Neu-Isenburg, fundou um lar para receber mães solteiras com seus filhos, crianças órfãs e prostitutas. Atuando também como tradutora, em 1899 verteu para o alemão o livro *Vindication of the rights of women* [*Reivindicação dos direitos da mulher*], de Mary Wollstonecraft.

Autora de diversos artigos em jornal, peças de teatro, poesias e fábulas, seus primeiros trabalhos foram publicados em anonimato e, mais tarde, sob o pseudônimo masculino "Paul Berthold" — até que, por volta de 1902, ela passou a assinar com o seu próprio nome.

Relato de Bertha Pappenheim sobre a sua doença

Bericht Bertha Pappenheims über ihre Krankheit (1882)

Relato de Bertha Pappenheim sobre a sua doença[1]

Eu, uma garota de origem alemã, estou agora completamente privada da capacidade de falar, de entender ou de ler em alemão. Esse sintoma acompanhou uma pesada afecção nervosa que tive de enfrentar por mais de um ano e se manteve durante todo esse tempo; há cerca de uns quatro meses, ele retorna regularmente todas as noites. Os médicos apontam isso como algo muito estranho, mas raramente como algo que deve ser observado; por isso, vou tentar fazer, da melhor forma que uma pessoa que nunca estudou medicina pode fazê-lo, um breve relato de minhas próprias observações e experiências considerando este estado terrível.

Ele surge de repente, sem o menor trâmite, no exato momento em que me reclino sobre a minha cama, independente

1 Texto reproduzido em Brentzel, M. (2014). *Anna O. - Bertha Pappenheim: Biographie* [*Anna O. - Bertha Pappenheim: Biografia*] (pp. 311-312). Göttingen: Wallstein Verlag.

da hora, e já variou entre nove da noite e uma da manhã. Certa vez, fui obrigada a ficar de cama dois dias, por causa de outro pequeno mal-estar, e então a fase começou às dez horas. Por algumas horas, eu sou perfeitamente incapaz de comunicar qualquer coisa em alemão, enquanto as outras línguas, que aprendi mais tarde, estão presentes na minha mente, e o inglês consigo utilizar próximo da perfeição.

Quando a forte dor nevrálgica da qual estou sofrendo permite, geralmente leio um livro em francês ou em inglês até o feliz momento em que se dá a recuperação do meu alemão (o que nunca ocorreu antes da meia-noite, e raramente depois das duas da manhã). Tudo isso acontece sem a menor sensação física; nenhuma dor, nenhuma opressão ou nenhuma tontura é sentida. Do ponto de vista desses sintomas, tudo isso poderia passar muito bem sem nem ser notado por mim; porém, como não entendo meus criados nem consigo ser compreendida, torno novamente a tomar conhecimento, diariamente, de que me encontro nesse fato triste e doloroso.

Considerando meu humor, meu estado mental e psíquico durante esse tempo, existem algumas observações a serem comunicadas. Nos meus primeiros dois meses aqui, tive ausências mais curtas ou mais longas, nas quais pude me observar por um estranho sentimento de "desaparecimento do tempo"; contaram-me que eu costumava falar com bastante vivacidade durante essas ausências, mas já faz algumas semanas que não houve nenhuma. Quando não leio, fico deitada, nem sempre muito tranquila, ocupada com meus pensamentos e capaz de governá-los bem; consigo reproduzir o passado e fazer planos para o futuro; só fico realmente nervosa, ansiosa e com vontade de chorar quando se apodera de mim o medo, por demais motivado, de perder novamente a língua alemã por mais tempo. Quando tenho companhia durante essa fase, sinto-me muito melhor; mas quando estou completamente sozinha, também não caio numa melancolia pesada ou em pensamentos hipocondríacos.

Durante essa fase, quando outras duas pessoas estão falando em alemão, tenho de me esforçar para fixar a minha atenção na conversa, que é bastante indiferente para mim. Lamento não entender; mas não consigo me interessar por ela. Conforme me disseram, depois de algumas horas, consigo falar muito mal a minha língua alemã,

(falta o final)

Original em inglês

I, a native German girl, am now totaly deprived of the faculty to speak, to understand or to read German. This symptom lasted during the time of a heavy nervous illness, I had to go through, in permanence longer than a year; since about 4 months it only returns regularly every evening. The physicians point it out as something very strange and but rarely to be observed; therefore I will try to give, as well, as a person who never has made any medical studies, can do, a short account of my own observations and experiences considering this terrible estate.

It appears quite suddenly without the slightest transaction in the very moment I recline in my bed, independend from the hour, which I have varied already between 9 o'clock in the evening till 1 p.mn.[2] Two days I had once been obliged to stay in bed for some other littl unease, and then the phase begun at 10 o'clock. For some hours then I am perfectly unable to communicate anything in German, whilst the other languages, which all I have learned later, are present to my mind, and the English I can use nearly to perfection.

When the strong neuralgic pain, from which I am suffering, allows it, I mostly read a French or English book till the happy moment of my recovering to German arrives; (what never occured before midnight, seldom past 2 o'clock in the morning.) The whole going on is not accompanied from the slightest physik sensation; no pain, no oppression or giddyness are to be felt. From the point of any such symptomes the whole thing could pass very well without its being from me remarked at all, but as I do not understand my servant nor am I understood, I dayly must learn anew to find myself in the sad, bitter fact.

Considering my humour, my mental and psychic state during this time, there are some observations to be told. In the first 2 months of my sejourn here, I had shorter or longer absences, which I could observe myself by a strange feeling of "timemissing"; one told me that I used to speak with great vivacity during this absences, but since some weeks, there have

---

2 Aparentemente, uma abreviatura criada por Bertha Pappenheim para "*past midnight*" [depois da meia-noite].

been none. When I do not read I am laying, not always very quiet, occupied with my thoughts, and ame quite well able to govern them; I can reproduce the past and make plans for the future; I only get realy nervous, anxious and disposed to cry, when the but too well motived fear to lose the German language for longer again, takes possession of me. When I have society during this phase I feel much easier, but also when I am quite alone I dont fall into heavy melancholic or hypochondric thinking.

When during this phase two other persons are talking in German, I must take trouble to fix my attention to the conversation, which is quite indifferent me. I feel sorry not to understand; but ame not interested in it. I have bin told that after some hours I get my German language through speaking it very badly,

Neve de verão

Sommerschnee (1888)

Neve de verão[1]

Quem de vocês, crianças, esteve nas altas montanhas durante as últimas férias de verão? Aquelas de vocês que foram levadas pelos seus pais para as montanhas tirolesas tiveram a experiência de acordar numa manhã de julho e encontrar tudo em volta coberto de neve, como na época de Natal.

Poucas pessoas sabem de onde veio esse estranho fenômeno natural. Um passarinho tagarela de Ahrenthal me contou, e quero lhes recontar, da melhor forma que puder.

Em Bill, uma aldeia perto de Innsbruck, morava um fazendeiro com sua esposa e um filhinho. Certa vez, quando estavam indo juntos à igreja, encontraram um pacotinho no meio do caminho e, dentro dele, uma criança, uma menininha. O fazendeiro queria deixá-la onde estava e não se preocupar com aquilo. A fazendeira, no entanto, não conseguiu

1 Texto publicado no volume anônimo *Kleine Geschichten für Kinder* [*Pequenas histórias para crianças*]. Karlsruhe: Braun, [s.d.] — por volta de 1888.

abandonar a criancinha, e a levou para casa com ela, contra a vontade do marido.

Cuidou e alimentou a pequena com um amor infatigável, e Rosel, como foi chamada a criança, agradeceu-lhe o cuidado e o esforço crescendo para se tornar uma menina boa e corajosa.

Ainda assim, o fazendeiro não gostava de Rosel, nem mesmo quando, depois da morte da esposa, ela passou a cuidar dos afazeres domésticos e a trabalhar por dois junto com as criadas.

Hans, o filho do fazendeiro, no entanto, gostava cada vez mais de Rosel, e quando teve certeza de que ela também gostava dele, foi até o pai e perguntou se poderia tomá-la como esposa.

Ele logo veio com a resposta: "O quê? Você quer que a Rosel seja sua esposa?" — gritou ele. "Aquela coisa encontrada? Nunca, jamais!"

Furioso e de forma repreensiva, ele virou as costas para Hans, que ficou assustado. Rosel, que ouviu a gritaria da cozinha, chorou lágrimas amargas.

Hans consolou-a e pensou que, em um momento mais oportuno, poderia expor melhor ao fazendeiro o que desejava do fundo de seu coração.

Era um fim de tarde bonito de verão, o sol havia acabado de desaparecer por detrás das montanhas e o fazendeiro estava sentado no banco em frente à sua casa. Ele assobiava enquanto esculpia uma carranca para sua carroça de inverno.

Hans tomou coragem mais uma vez, foi até o pai e repetiu o que tinha para anunciar.

Vermelho de raiva, o velho disse: "Não, não, e mil vezes não! A menina não é nada e não tem nada; e, portanto, não se tornará sua esposa. Mas espere, rapaz, eu vou ajudar vocês a se desfazerem desses pensamentos estúpidos. Rosel, arrume agora a sua trouxa e suba ainda hoje para o pasto da montanha. Sem discussão. E não se fala mais nisso!"

Triste e sem palavras, Hans olhou para a carranca que o fazendeiro segurava nas mãos tremendo de raiva.

"É", continuou falando o velho de forma sarcástica, "e se amanhã, no dia de São Pedro e São Paulo, você trouxer a moça lá da montanha com o trenó, então terá meu consentimento para se casar. Antes disso, não!"

Para o fazendeiro era fácil falar. Chegar de trenó na festa de São Pedro e São Paulo! Bem no dia em que começava a colheita e num sol escaldante que secava até a água na jarra do ceifador.

Hans estava muito triste. Mas ele, assim como Rosel, viram que não podiam se opor à vontade do pai, pois ele havia ameaçado tirar também a herança do filho caso se recusasse a obedecer.

Rosel pegou então os seus poucos pertences e, apesar do avançar da noite, foi para a cabana que ficava no meio do caminho para o topo da montanha. Hans queria segurá-la pelo menos até a manhã seguinte, mas Rosel — que temia, com razão, a fúria do velho fazendeiro — disse que, apesar da escuridão, nada de mal lhe aconteceria.

"Quando chegar lá em cima, acendo um fogo forte, e assim você saberá que cheguei sã e salva".

Então, Hans pegou um pequeno ramo de edelvaisse,[2] que ele mesmo colheu, colocou ao lado da pena de galo de seu chapéu e entregou para Rosel. Ela colocou o ramo em seu corpete, apertou as mãos de Hans e seguiu seu caminho.

Seu coração estava pesado, muito mais pesado do que ela queria deixar que seu amigo de infância notasse. A trilha estava incerta diante de seus olhos que se enchiam de lágrimas. Mas, apesar disso, ela seguiu corajosamente e chegou a seu destino depois de algumas horas.

Antes de entrar na cabana, na qual teria de trabalhar e morar de agora em diante, juntou um grande maço de gravetos e acendeu para que Hans pudesse ver da vila a brasa flamejante como uma pequena e simpática luz de saudação.

Como estava frio, Rosel sentou-se junto ao fogo. Ela pensou: o fazendeiro pode nos impedir de ser marido e mulher, mas não pode impedir o nosso amor. Ela olhou para as chamas estalando até suas pálpebras ficarem cansadas e pesadas. De repente, pensou ter ouvido um estranho sussurro ao seu redor e de todos os lados vieram deslizando pequenas e delicadas criaturas transluzentes. Elas cantavam:

A criança que cuidou de nós,
Na qual só o amor tem voz,

---

2 Um tipo de flor, conhecida também como pé-de-leão, nativa dos alpes na Europa [N.E.].

Embarga os olhos de orvalho
E o peito triste em frangalho!
Fadas das flores, acudamos,
Em graça e força aqui estamos.

Então, a pequena fada do oráculo apareceu.

"Somente eu conheço exatamente a dor da boa criança; ela mesma me revelou sem saber algumas vezes. Além de Edelvaisse, nenhuma de nós pode ajudar; ela cresce em alturas frias e está familiarizada com o vento norte cortante. Apenas a intercessão dela com o severo senhor pode ajudar".

Então, Edelvaisse surgiu. Folhas de veludo branco se aninhavam ao redor de sua pequena cabeça, como uma altiva coroa. Na mão, carregava um galho de folhas cinza esverdeado. A fada lançou um olhar terno para Rosel e disse: "Com prazer, irmã Margarida, gostaria de interceder por nossa querida, para fazê-la feliz. Ouvi as palavras de um homem duro, elas precisam ser cumpridas para a benção de nossa protegida. Mas antes, protejam-se, ou de vocês será a ruína".

Como uma rainha com seu cetro, a pequena Edelvaisse empunhou seu galho cinza esverdeado, moveu de um lado para o outro e plim, plim: todas as fadas foram embora.

A pequena Edelvaisse empunhou seu galho uma segunda vez e um terrível vento gelado do norte se levantou soprando no rosto de Rosel a fumaça do fogo apagado. Como que num sonho, ela fugiu para a cabana.

Mas a fúria da tempestade não parou tão rápido.

Pesadas massas de nuvens escuras se juntaram sobre o vale. Houve um estrondo na floresta, relâmpagos estremeceram e trovões ressoaram. Na vila, o velho fazendeiro sentou-se em seu colchão de plumas, vestiu seu capuz cobrindo as orelhas e, diante do terrível mau tempo, estremeceu de pavor. Com medo, tentou acordar com gritos o filho, mas ele não ouviu nada e continuou dormindo tranquilamente.

Depois de uma tempestade de três horas, veio a calmaria de uma só vez.

Um brilho pálido do dia penetrou no quarto do velho, que se levantou com o corpo ainda todo trêmulo para verificar o desastre que a tempestade poderia ter causado em sua fazenda.

Da janela, lançou um olhar assustado para a grande macieira que ficava em frente à casa, certo de que ela estaria caída, mas o que ele viu era um pouco diferente.

"Hans, Hans, pelo amor de Deus, acorda" — gritou ele. Correu para o quarto do filho, sacudiu-o para acordá-lo e o arrastou até a janela.

Realmente, como era estranha a visão que se apresentava ali para os homens.

Densos volumes de neve sobre o campo que ainda ontem carregava caules agitados. Neve sobre as árvores, cujos galhos não conseguiam aguentar o peso e pendiam quebrados no chão com os frutos semimaduros. E pelas ruas da aldeia, neve com um pé de altura formando um caminho convidativo como na época de Natal.

Era um milagre. Pai e filho esfregavam a testa e os olhos achando que estavam sonhando.

De repente, Hans gritou:

"Eba! Hoje é a festa de São Pedro e São Paulo, vou buscar minha Rosel!".

Um... dois... três e ele estava vestido, e com a mesma rapidez correu para o galpão e para o estábulo.

Antes que o velho fazendeiro percebesse, havia um trenó parado na frente da sua porta. Radiante de alegria, Hans bateu o chicote no cavalo branco que balançou a cabeça tão surpreso quanto os humanos diante do passeio de trenó. Logo em seguida, saíram a galope.

Todavia, Hans não conseguiu chegar até o topo da montanha com o trenó. Quando não pôde mais ir adiante, amarrou o cavalo em uma árvore e seguiu correndo. Na altura da cabana, começou a entoar um canto tirolês atrás do outro e, ao chegar lá em cima, Rosel abriu a janela. Ela também estava estarrecida com a transformação que havia ocorrido durante a noite.

"Rosel, vim te buscar. Hoje é dia de São Pedro e São Paulo e o trenó está mais ali para baixo!".

O rapaz alegremente comovido não deu muito tempo para que a moça ficasse admirada e surpresa, pois o sol forte já começava a alisar a neve e esparramá-la.

"Temos de ir até a vila para que seja feita toda a vontade de meu pai".

E assim foi. Com sinos tocando e estalos de chicote, o trenó entrou na aldeia. Hans levantou Rosel e todos os vizinhos viram o grande beijo que ele deu nela.

O velho fazendeiro não podia dizer nenhuma palavra contrária àquilo, só lamentar em silêncio, uma vez que ele mesmo era o culpado pela neve de verão que havia destruído toda a sua colheita.

A ninfa do lago

Weihernixe (1888)

A ninfa do lago[1]

Era uma noite sombria de fevereiro. As alamedas que circundavam a cidade, como uma bela moldura, permaneciam vazias e silenciosas, mesmo nas partes mais movimentadas.

No caminho, um vento leve soprava sobre o lago e as nuvens carregadas de neve branca, que corriam pelo céu, eram refletidas ainda mais encaracoladas nas ondas agitadas. Apenas raras vezes o silêncio era interrompido pelo barulho dos passos de alguém na areia. Na casa em frente, ouviam-se claramente os sons de uma melodia dançante. De repente, a superfície da água se moveu violentamente e dela surgiu o rosto cheio de curiosidade de uma ninfazinha que havia sido atraída pela música. Ela olhou timidamente ao seu redor e avistou a cabeça que havia sido esculpida em pedra em uma fonte na beira do lago. Seu sorriso era mais maligno do que aquele que lhe dirigia sempre que ousava deixar a escuridão de seu lar.

---

1 Texto publicado no volume anônimo *Kleine Geschichten für Kinder* [*Pequenas histórias para crianças*]. Karlsruhe: Braun, [s.d.] — por volta de 1888.

Mergulhou de volta assustada. Mas não por muito tempo. Haviam aberto uma janela no salão de dança. As alegres melodias penetraram ainda mais forte no lago e com uma força irresistível puxaram a pequena ninfa de volta.

Protegendo-se do olhar de pedra de seu observador por um tufo de juncos, a ninfazinha ficou olhando com curiosidade para a casa: sua janela iluminada e as figuras que por ela passavam flutuando não deixavam dúvida de que as pessoas ali se entregavam aos prazeres da dança.

Como seria maravilhoso, pensou a ninfazinha, poder deixar esse mundo frio por um instante e voar por um salão brilhantemente iluminado, extasiada pela música para ser conduzida por uma mão calorosa.

Movida quase inconscientemente por seu desejo, mas ainda hesitante, a ninfa se aproximou da margem e, de repente, esquecendo-se de tudo, sem pensar em mais nada, deixou seu reino e deslizou, como um nevoeiro, pela rua até o terraço do jardim de inverno, de onde vinham os sons. Ela se esqueceu do castigo severo que era imposto se uma das filhas do reino das ninfas o deixasse e fosse reconhecida pelos humanos. A ninfazinha entrou silenciosamente e se escondeu atrás das palmeiras e das camélias floridas para observar o colorido vai e vem no salão.

As pessoas rodopiavam por ela, duplamente mais bonitas pelo brilho alegre das cores e pelo prazer de festejar. Riam e acenavam com a cabeça, conversavam, abanavam-se e acenavam; tudo lhe parecia tão incompreensível, e ainda assim ela compreendia. Permaneceu bastante tempo em seu esconderijo sem ser notada. A atmosfera não familiar, o calor, a luz, o perfume das flores, tudo isso a deixou atordoada, incapaz de pensar em outra coisa além daquele desejo que a tomava completamente: se alguém viesse e me convidasse para dançar!

Esquecendo-se de sua estranheza e de sua timidez, colocou-se de repente, com seu longo vestido branco e seu cabelo solto — em que algumas gotas d'água ainda cintilavam —, na fileira das meninas alegres e ansiosas para dançar. Mas, aos poucos, uma a uma foi indo com seu parceiro de dança e a ninfazinha começou a achar que ia ficar sozinha, que morreria de vergonha, quando sentiu, mais do que viu, que alguém se aproximava dela para chamá-la para dançar.

Era um homem grande e bonito; uma longa barba emoldurava seu rosto e profundos olhos azul-escuros transmitiam amor e bondade. Ela não o olhou nos olhos. Ele a envolveu em seus braços e dançaram pelos mais arrebatadores e encantadores sons e melodias que já haviam soado aos seus ouvidos. Saberia ele com quem estava dançando? Saberia ele que ela pertencia a um mundo frio e inacessível, o qual não podia deixar impunemente?!

Eles dançaram por bastante tempo, repousados na ausência das palavras, lançando-se sempre novamente na roda de dança, até que o número de casais foi diminuindo e a música finalmente silenciou.

Quando a ninfazinha estava de novo perto do jardim de inverno, quis tomar coragem e agradecer seu parceiro de dança. Olhou para ele e, quando estava prestes a dizer-lhe algumas tímidas palavras, ele viu que ela tinha olhos verdes, tão verdes como o junco no lago. Então o homem estremeceu e se virou, pois sabia com quem havia dançado, e a ninfazinha sabia que estava tudo acabado!

Ela fugiu para poder retornar rapidamente para o lugar de onde tinha vindo — o lago.

No entanto, para seu desespero, descobriu que havia ficado mais tempo do que imaginava com as pessoas — horas se haviam passado. Nesse ínterim, o vento norte havia soprado furiosamente, a geada tinha deixado uma manta rígida de gelo sobre o lago e a ninfazinha não podia voltar para casa. A cabeça na fonte riu sarcasticamente quando a viu vagar em desespero pela margem.

Ela estava cansada; a tempestade revolvia-lhe cabelos e roupas, e a camada de gelo que a separava de suas irmãs tornava-se cada vez mais densa. A manhã veio, começou a nevar, e finalmente a ninfazinha, esgotada, sentou-se ao chão recostando a cabeça numa rocha. Suavemente, os flocos de neve desciam rodopiando, cobrindo tudo — e, como que numa suave misericórdia, cobriram também a pequena ninfa.

A geada e o frio duraram bastante tempo. Quando, depois de semanas, o sol finalmente ganhou força e a camada de neve derreteu, a cabeça de pedra na fonte viu uma plantinha delicada que verdejava junto à rocha no lago: era uma fura-neve, anunciando o fim do inverno.

Direito da mulher: peça em três atos

Frauenrecht: Schauspiel in drei Aufzügen (1899)

Direito da mulher: peça em três atos[1]

Conteúdo	Primeiro ato
	Segundo ato
	Terceiro ato
Personagens	O redator, dr. **Martin Scholl**
	Alice, sua esposa
	Weidmann
	A criada da família Scholl
	Susanne Helfrich, operária
	Martha, sua filha, 5 anos

1 Texto originalmente publicado sob o pseudônimo "Paul Berthold", na cidade de Dresden (Alemanha), e provavelmente nunca encenado. Cf. Kugler, L. & Koschorke, A. (org.) (2002). *Bertha Pappenheim. Literarische und publizistische Texte* (pp. 269-294). Wien: Turia + Kant.

Operárias **Katharina Posinger**
Apollonia Kramer
Anna Brand
Elisabeth Brand
Lisa Schuck
Kätchen Maiberger
Mulheres e moças
Crianças
Irmã Clara
Comissário de polícia
Policial

Local da ação Uma moderna cidade no sul da Alemanha.

O segundo e o terceiro atos acontecem quatro meses depois do primeiro.

Primeiro ato

Um quarto no sótão. À direita, uma cama grande e uma cama de criança. Em frente, um fogão pequeno e uma cômoda. No meio, uma mesinha com uma lâmpada de querosene. ***Susanne Helfrich*** *trabalha na máquina de costura e fala com a filha sem interromper o trabalho.* ***Martha*** *está sentada num banquinho ao lado da máquina e brinca com uma boneca.*

Martha

Mãe, estou com fome.

Susanne

Você precisa esperar um pouco mais, porque se tirar as batatas da panela agora, vai sentir fome de novo antes de ir pra cama, e aí não vai ter mais nada.

Martha *(indo para a cômoda, em cima da qual há um pãozinho)*

Mas ali tem um pãozinho!

Susanne

Você não sabe para quando ele é?

Martha

Ah, sim, para amanhã de manhã.

Susanne

E se você comer hoje, o que a mamãe vai ter que fazer amanhã?

Martha

Comprar outro.

Susanne

Isso se ela tiver dinheiro. Pode contar. Conta as moedas que estão lá no copo.

Martha *(pega as moedas de um copo que está em cima da cômoda)*

Uma de dez e uma de cinco, e cinco fênigues[2] marrons.

---

2 O fênigue (*Pfennig*) era uma moeda divisionária alemã que correspondia à centésima parte do marco [N.T.].

Susanne

Isso junto são vinte fênigues. Sabe para que servem?

Martha

Vinte fênigues da mensalidade do jardim de infância.

Susanne

E você sabe quanto custa um pão?

Martha

Três fênigues.

Susanne

Sim, os frescos, mas a gente só compra pão seco. Esses quanto custam?

Martha

Dois fênigues.

Susanne

Você não pode comer um pão toda noite, porque dez pães custam o mesmo que a mensalidade da sua escola, senão você não pode ir ao jardim de infância todo dia. E você precisa ir; não pode ficar pela rua, fazendo bagunça, aprendendo palavras feias e brincando na sujeira. Está entendendo?

Martha

Sim, mas mesmo assim eu ainda queria um pãozinho.

Susanne

Canta algo enquanto as meninas não chegam, Martha!

Martha

Canta comigo, mãe.

Susanne

Não consigo mais cantar, filha. Estou com dor de garganta e umas pontadas no peito. Prefiro te escutar.

Martha *(canta)*

"Passarinho voando
Bem no meu pé vai sentar,
Com recado no bico
E um beijo do papai!"
Quando o papai vem?

Susanne *(deixa o trabalho)*

Isso eu não sei... Tem alguém chegando; abra a porta, para que não fique tão escuro na escada.

*(**Martha** abre a porta e retorna para a sua boneca)*

Katharina *(com algumas mulheres e moças)*

Hoje eu bem que seria capaz de entregar tudo torto e amassado.

Apollonia e as mulheres

Boa noite.

Susanne

Boa noite a todas.

Anna e **Elisabeth** *(vestidas mais elegantes que as outras, um tanto adornadas)*

Boa noite.

Susanne

Ainda não estamos todas?

Katharina

Não. A Lisa e a Maiberger também falaram que vêm e vão trazer mais algumas com elas. Provavelmente o querido patrão ainda está segurando. Tem notícias de Berlim?

Susanne

Nenhuma notícia direta e também nenhuma mensagem específica do Comitê de Berlim, mas tenho um jornal, vou te mostrar. *(Puxa uma folha de debaixo do travesseiro.)*

Tem muita coisa em jogo. Você tem certeza sobre as camaradas da sua fábrica?

Katharina

Desde que souberam o que aconteceu comigo hoje, a maioria ficou do meu lado. Anna, Elisabeth! Vocês duas fariam melhor em ouvir do que continuar se olhando no espelho.

Anna

O que te interessa para onde eu olho?

Elisabeth

A gente chega mais longe se olhando no espelho do que você com esse seu penteado de vassoura. Se um homem bate o olho em você, desvia rapidinho o olhar. A gente, pelo menos, ainda vai ter onde se agarrar quando a concorrência tirar o pão da nossa boca.

Katharina

Essa garantia e quanto tempo ela dura já conhecemos e sabemos bem.

Susanne

Sim, o que é uma pena. Por isso precisamos ficar juntas e nos manter unidas e não nos deixar explorar em nosso trabalho e em nossa honra.

Anna

Bem, se acalmem. Estamos aqui e queremos fazer algo juntas. Também estamos insatisfeitas; paralisação e greve podem até, sob certas circunstâncias, ser algo divertido.

Elisabeth

Só se virar um jeito de estender a folga dos domingos com o apoio do Comitê.

Susanne

Elisabeth, como ousa! Não queremos nos reunir para isso, para ficar falando de leviandade e preguiça.

Anna

Está certo. Sabemos bem de onde foi que você tirou essas palavras finas e essas frases bonitas. Você é a última que pode falar de leviandade, porque você mesma não é melhor do que ninguém.

Elisabeth

Mas quando se passa anos tendo um convívio tão refinado e culto com um senhor doutor, lendo livros e indo ao teatro, sempre permanece um ar de quem sabe tudo.

Susanne *(empurra a filha porta afora, colocando uma leiteira em suas mãos)*

Martha, vai logo e pega o leite para amanhã cedo. A sra. Diehl vai deixar anotado.

Anna

Mas isso não é motivo para sermos acusadas de levianas e preguiçosas.

Katharina

Para mim já deu! Não é pela folga prolongada de domingo e pelo apoio do Comitê que estamos aqui. Se vocês duas, metidas, vieram aqui apenas para trazer variedade para a diversão de vocês, então vão catar coquinho. Isso serviria melhor à nossa causa do que vocês aqui, paradas, olhando para suas belas fisionomias no espelho. E quanto à Susanne, que está ali calada para toda essa conversa de vocês, saibam que ela é minha amiga, e que por isso não posso me calar. Vocês não são dignas de levar o nome dela em suas bocas. Susanne não tem culpa pela desgraça de vocês, mas vocês… vocês são meretrizes de viela!

Anna

Acho que está começando a ficar desconfortável este lugar.

Elisabeth

Tem razão. Vamos indo, mas vocês ainda terão notícias nossas. Adeus, "camaradas".

*(**Katharina** abre a porta para as duas com um gesto forte. Ao saírem, elas encontram **Lisa Schuck** e **Maiberger**, que vêm com mais operárias.)*

As que chegam

Boa noite, boa noite!

Katharina

Por que vocês estão tão atrasadas?

Lisa

Maiberger ficou mal de novo.

*(**Kätchen Maiberger** afunda na beira da cama de **Susanne**. **Susanne** prepara uma xícara de café para ela no fogão, que **Kätchen** bebe cansada e avidamente.)*

Lisa

Pensem na baixeza! O capataz, um preguiçoso em pessoa, geralmente nos fecha por horas na fábrica. Ele diz que o tempo que pertence ao seu senhor não pode ser desperdiçado, mas, enquanto isso, fica sentado na administração. Agora, a

Kätchen ficou doente de novo no meio do trabalho e começou a sangrar pelo nariz. A camisa na qual estava trabalhando ficou manchada, e como ela não pôde chegar à pia por causa da porta fechada, o chão também ficou sujo.

Apollonia

E agora o capataz exige que ela ressarça a camisa.

Uma outra moça

Mas essa, com as manchas de sangue, ela não pode pegar para ela.

Uma outra

E ele exige noventa fênigues de ressarcimento, e que ela limpe todo o chão.

Apollonia

O chão nós limpamos para ela, mas não conseguimos juntar os noventa fênigues na quinta-feira.

Kätchen Maiberger *(baixo)*

E agora ele me mandou embora, e para mim é muito difícil encontrar outro lugar, porque sempre pareço muito pálida.

Katharina

Você trabalha com o quê?

Kätchen

Faço casas de botão, uma centena vale quatro fênigues. Não recebo mais do que 6,50 porque, se trabalhar mais rápido, fico tonta e não consigo chegar nesse número.

Katharina

Pelo menos você pode sair para trabalhar. Eu e a Lore Dister, o que podemos fazer? Ela com os seis moleques e eu com minha mãe inválida. Só podemos aceitar trabalho em casa, uma dúzia de espartilhos por 1,20. E agora pensem na mesquinharia, eu teria adorado jogar essa blusa com sangue na cara dele. Todo mundo ficou muito impressionado hoje com ele querendo me dar apenas 3,30 pelas minhas três dúzias, porque a esposa de um funcionário dos correios quer fazer para ele uma dúzia por um marco. Claro, ela pode! Ela está cheia da bufunfa, pois seu marido recebe todo dia primeiro o seu bom salário e pode lhe dar uma saia com botões dourados, que nós pagamos com nossos impostos.

Susanne *(avançando animada)*

É por isso, exatamente por isso, porque não queremos mais suportar essa vergonha e essa injustiça, que temos que ver isso mudar. Mas como não temos a quem recorrer, precisamos ajudar a nós mesmas. Uma sozinha, naturalmente, não pode fazer nada; vinte também não podem; nem mesmo todas as operárias de uma fábrica ou de uma cidade. Precisa começar de uma só vez, em toda parte, no mundo inteiro, na Inglaterra, na Suíça, aqui e em Berlim, e provar para os senhores industriais que, sem nós, eles não são nada e não conseguem nada... que eles vão para o fundo do poço se não quisermos mais trabalhar para eles.

Todas

Queremos provar isso a eles.

Susanne

Não é verdade que estamos fazendo exigências inadequadas, como sempre dizem os senhores nos escritórios. Elas precisam experimentar isso apenas uma vez, as finas senhoras, e trabalhar e trabalhar do amanhecer até tarde da noite, feito um burro de carga, e mal ganhar o suficiente para a farinha do pão! E depois, quando já estamos quase mortas, quando as crianças estão andando em trapos e se arruinando pela rua, aí vêm as senhoras com pena e benevolência e nos perguntam sobre nossos corações e nossas almas, antes de conceder meio centavo de batata. Mas não queremos nada que nos seja dado; e não precisaremos de nada que nos seja dado, se formos pagas pelo nosso trabalho, como deveria ser. Queremos o nosso direito. Exijo o meu direito e o direito para os meus filhos... e para todas as crianças, cujos pais as esqueceram ou negaram.

Hoje as convidei aqui para dizer algo sério. Tem uma grande paralização geral planejada e devemos nos preparar para ela, para que possamos aguentar até o fim e resistir. Precisamos economizar cada fênigue para que tenhamos como nos manter quando a greve começar, em quatro semanas. Estejam todas preparadas, anunciem e expliquem, e o que não souberem, vocês encontrarão aqui. *(Pega uma pilha de folhetos em cima da sua cama e os distribui)* Leiam, distribuam as folhas, secretamente, com cuidado... aqui... aqui.

Katharina

Para mim, mais, pois eu conheço muitas mulheres de que podemos precisar.

(Escutam passos diante da porta. Um comissário de polícia e um guarda entram.)

Comissário

Vejo que as denúncias, que duas mulheres acabaram de fazer no distrito, são verdadeiras. Temos aqui uma reunião de operárias que não foi comunicada à polícia. Declaro esta reunião cancelada. *(Ele pega o panfleto da mão da mulher que está ao seu lado e lê)*

"Chamada ao operariado! Abaixo os opressores". *(Para o guarda.)* Escreva o nome e o endereço de todas as presentes. Vamos procurar por mais folhetos e escritos e quaisquer outros indícios suspeitos que possam ser encontrados. Quem é a proprietária deste apartamento?

Susanne *(dando um passo à frente)*

Eu.

Comissário

A senhora está presa. Mora sozinha aqui?

Susanne

Com a minha filha *(**Martha** volta com a leiteira vazia).* Martha, Martha *(abraça a criança)*, os nossos direitos!

Katharina

Não se preocupe com a criança, cuido dela pra você.

Segundo ato

Dr. ***Scholl*** *está sentado em sua escrivaninha trabalhando.* ***Weidmann*** *entra, vestido elegantemente, sem esperar resposta por sua batida na porta.*

Weidmann *(estendendo a mão para* **Scholl** *descuidadamente, com o cotovelo para fora)*

Dia!

Scholl

Oh, o belo Alex! A que devo o prazer da visita?

Weidmann *(nasalmente afetado)*

E amigos lá precisam ter motivo...

Scholl *(rindo)*

Não, não... Não se preocupe, Alex. O que está acontecendo, que depois de semanas, de repente, você me dá novamente a honra de admirar a sua última criação de moda?

Weidmann *(senta-se)*

Não está acontecendo nada, na verdade. Sério, o que você acha da gravata em composição com o corte do colete? Não foi fácil combinar os dois com o paletó... *(Tateia o casaco por baixo).* Mas, a propósito, tenho aqui algumas cartas... Quer dizer... correspondências, que gostaria de te mostrar.

Scholl

Sim, claro.

Weidmann

Bem, na verdade... Estou aqui porque... *(entrega alguns papéis para **Martin**)*

Scholl

Me dê aqui. Céus! Que contas altas.

Weidmann

Sim, mas a maioria delas não me envergonha. A gente do povo — o alfaiate boêmio com sua fabulosa recriação de minha ideias, a lavadeira, a bela garota dos perfumes — espera porque precisa de mim. Mas outra noite, no clube... Não sei como foi que isso me aconteceu. Apostei que as abotoaduras da pequena Rovati que estava na primeira dança da quadrilha[3] eram falsas. Na verdade, não sabia que ela as havia ganhado do Conde Trolskoi. Ele me desafiou, demos uma volta e nos despedimos como amigos, mas perdi a minha aposta contra o tenente von Sauritz e precisei pagar alguns milhares àquele miserável. Como você vê, foi por isso que emprestei algum dinheiro, mas o cara está tirando vantagem da minha situação, então pensei que talvez você pudesse...

Scholl

De verdade, não tenho o menor interesse nas abotoaduras da Rovati, e nossa camaradagem escolar já sofreu tanto com longas interrupções que só posso aconselhá-lo a entrar em contato com seu pai.

Weidmann

Sim, esta é justamente a questão. Desde o último *acontecimento* nas corridas, o velho não quer mais saber. Ele me fez dar a minha palavra de honra de que eu iria regularmente à firma. Para minha sorte, a família aceitou minha palavra de honra, ou eu não poderia estar lá agora. Então você não pode...?

---

3 Quadrilha é a dança palaciana do séc. XIX [N.T.].

Scholl

Não.

Weidmann

Bom, vamos falar de outra coisa. Onde está sua esposa? Como ela vai?

Scholl

Bem, obrigado *(Um pouco nervoso)*. Mas o que lhe interessa a minha esposa? Ela saiu e ainda não voltou para casa, e já está escuro. *(Acende a lâmpada de gás em cima de sua escrivaninha)*. Você, por acaso, cruzou com ela?

Weidmann

Infelizmente, não. Sabe, Martin, eu acho que há muito mais por trás das mulheres do que você imagina.

Scholl

E eu acho que você poderia deixar isso a meu próprio critério.

Weidmann

Para mim, é sempre muito divertido falar sobre as chamadas coisas sérias na presença da sua esposa. Enquanto ela costuma sentar-se ali, silenciosa e apática, há um relâmpago nos seus olhos por uma palavra; ela abre os lábios como se quisesse dizer alguma coisa e os fecha novamente — em resumo, nela fica encantador.

Scholl

Gostaria de ter pedido que fizesse suas observações e seus estudos sobre outras mulheres em vez de fazer sobre a minha. Eu também achava que a "honra da família" deveria fazer você cumprir o horário de expediente do seu pai.

Weidmann

Você não tem realmente nenhum motivo para ter ciúmes de mim. Fiz apenas observações bastante objetivas sobre sua esposa, porque acho que as mulheres, em geral, estão adotando modos bastante diferente agora. Precisamos fazer coisas completamente diferentes do habitual. Recentemente, por acaso, conheci uma simples operária na rua, à noite. Acho ela realmente honesta. Isso dá à mulher um charme! Às vezes, não consigo tirá-la da cabeça, essa Katharina.

Scholl *(vai até a janela e olha impacientemente para rua)*

Essas garotas do povo têm frequentemente uma grande profundidade emocional, às vezes mais do que se gostaria.

Weidmann

Katharina também tem uma inteligência e um juízo impressionantemente rápidos. Algumas vezes, quando me permite acompanhá-la — claro que apenas até o lado de fora de onde mora, no subúrbio —, quase fico com a impressão de que ela fica me escutando sobre tantas coisas e situações que, na verdade, não lhe interessam.

Scholl

Ela deve ter um namorado que é socialista.

Weidmann *(sobressaltado)*

Katharina Posinger não tem nenhum namorado, eu aposto!

Scholl

Aposta o mesmo que apostou nas abotoaduras da Rovati?

Weidmann *(ignorando a observação)*

Tenho que ir a fundo nisso, visitar a garota em sua casa e perguntar aos vizinhos.

Scholl

Qual gravata você vai escolher para essa expedição?

Weidmann

Você não parece estar tendo um bom dia hoje. Adeus, Martin.

Scholl

Adeus. *(Dão as mãos com indiferença.* ***Weidmann*** *sai)*

Alice *(chega em casa com pressa e animada por ter saído. Enquanto fala, tira o chapéu de pele, o regalo e o casaquinho)*

Como estou feliz de ainda te encontrar, Martin. Achei que você já tinha ido para a redação.

Scholl

Não faria isso enquanto você estivesse fora, mesmo se o trabalho tivesse me chamado. Você sabe, minha querida, sem uma despedidazinha não fico satisfeito. Mas você está agitada, criança. Aconteceu algo desagradável com você? Está escurecendo. Não quero que você saia sozinha no lusco-fusco.

Alice

Pretendia estar de volta em casa antes de escurecer, mas...

Scholl

Alguém se atreveu a te incomodar?

Alice

Não, com certeza não. Não era isso. Oh, Martin, só quero te pedir uma coisa.

Scholl

Ainda bem que esse doce rosto infantil da minha mulher não provocou pensamento pecaminoso em ninguém. Diga qual é o seu pedido...

Alice

Não fale assim, Martin. Não estou em condições de brincar neste momento. Muita coisa depende de o meu pedido ser atendido.

Scholl

Licinha, fico bastante assustado quando ouço que o meu alegre passarinho cantante de repente parte para tons sérios.

Alice

Por favor, me dê cem marcos.

Scholl

Cem marcos! Caramba! Para que, minha querida?

Alice

Prefiro não dizer. Martin, receio que você riria de mim. Por favor, me dê cem marcos do meu dinheiro. Quero dizer... Do dinheiro que meu pai te deu para mim.

Scholl

Você quer dizer do seu dote, tontinha! Ele está investido de forma fixa e segura; não posso dar um pulinho até ali em cima do armário e te dar cem marcos, assim como você faz com o seu orçamento de casa e paga a mulher dos ovos.

Alice

E eu não posso ter nada do dinheiro?

Scholl

Não, pelo menos não sem o meu consentimento. E você pode imaginar, Licinha, que só o darei se souber para que quer utilizar o dinheiro.

Alice

Só quero usá-lo para um bom propósito, Martin: ajudar uma mulher pobre.

Scholl *(olhando para os papéis em cima da mesa)*

Sábios são os senhores que fazem as leis. A mulher de um modesto editor não pode gastar cem marcos para ajudar uma família pobre qualquer. Ainda bem que a minha esposinha não pode dispor de um centavo sem o seu cauteloso marido. O seu coração piedoso logo a tornaria alvo de uma exploração inescrupulosa.

Alice

Mas as pessoas sempre disseram que eu sou uma moça rica, e meu pai também falava do meu dinheiro...

Scholl

Certamente, mas me foi concedido o direito de disposição sobre ele, junto com a sua doce pessoa.

Alice

E agora eu devo me sentir tão pobre, de repente, que não posso dar nada a uma pobre mulher?

Scholl

Sra. Scholl, não pense nessas coisas, porque você não entende! Não é suficiente para você ser a minha esposa, ter recebido o meu sobrenome, ter o que precisa e, até certo ponto, tudo o que deseja? Que todo o resto também esteja correndo bem, que você possa contar com homens honrados. Seu pai e eu resolvemos as questões comerciais e legais que estão necessariamente ligadas a um casamento e que podem, basicamente, ser indiferentes a você.

Alice

Foi bem o que pensei, também, e não me atrevi a discordar quando as senhoras voltaram hoje a falar sobre as mulheres não terem direitos.

Scholl

Pelo amor de Deus, me diga onde você estava para voltar para mim com desejos e pensamentos tão estranhos.

Alice

Estava em uma reunião da Associação de Ajuda às Mulheres.

Scholl

E o que falam as bases? A bela assembleia está bem articulada com a presidência e a relatoria com a eleição e as decisões?

Alice

Sabe, sou associada há pouco tempo e só participei de algumas reuniões. Admito que muitas coisas me parecem estranhas e, muitas vezes, engraçadas. Mas quando cada mulher fala, de maneira tão simples e clara, sobre a necessidade, a miséria e o dever de ajudar, tudo abisma diante dos meus olhos e sinto que essas mulheres querem coisas grandes e boas.

Scholl

Sim, sim, pode até ser assim — dentro de certos limites. Enquanto as mulheres se contentarem em distribuir leite e fraldas para a humanidade carente, não tenho objeções à atividade frutuosa das associações de mulheres. Mas há coisas com as quais as mulheres não devem se misturar. Por exemplo, não posso aprovar que nos perturbem com petições e determinações legais ou com trabalhos e burocracias desnecessárias.

Alice

Sim, uma petição ao Parlamento também foi discutida vigorosamente e eu até a assinei.

Scholl *(rindo)*

Bem, isso é maravilhoso! Eu escrevo no meu jornal sobre a primeira versão do novo Código Civil no que diz respeito ao Direito de Família, represento os direitos seculares dos homens... E a minha própria mulher assina a petição ao Parlamento para alterar os parágrafos em questão! Você tem opiniões juridicamente diferentes das minhas, então?

Alice

Eu não tenho uma opinião sobre essas questões. Não sabia nada sobre um novo Código Civil, nada sobre Direito de Família e tudo isso. Na escola, não aprendemos nada sobre essas coisas e, quando elas surgiam em casa, numa conversa, os cavalheiros se juntavam sempre de costas e me pareciam tão sábios quando falavam, e interrompiam o discurso tão deliberadamente quando mamãe ou eu nos aproximávamos, que sempre pensei que deviam ser coisas muito feias de que tratavam; especialmente quando você, antes de ficarmos noivos, sempre dizia que não eram coisas para mulheres.

Scholl

Bom, ainda concordo com isso.

Alice

A sra. Helmut disse, no entanto, que há muitas coisas na legislação que as mulheres têm que compreender para obter seus direitos.

Scholl

Ora, ora.

Alice

Se, por exemplo, uma mulher herda dinheiro e quer utilizá-lo de acordo com os seus desejos — talvez para a educação dos filhos —, então o marido pode impedi-la de o fazer e utilizar o dinheiro para os seus próprios fins, mesmo que estes sejam contrários aos interesses da família. Isso é certamente injusto!

Scholl

Tais situações ocorrem, mas não acredito que uma mudança da legislação as altere. Na maioria dos casos, o homem é quem funda e sustenta a família, cabendo a ele tomar a decisão sobre as questões mais importantes.

Alice

Eu admito, Martin, que não foi essa coisa de dinheiro entre homens e mulheres que me levou a colocar o meu sobrenome…

Scholl

Meu sobrenome.

Alice

… a colocá-lo na folha que estava circulando, mas…

Scholl

Que sabedoria a sra. Helmut plantou em sua cabeça?

Alice

…mas uma injustiça ainda mais terrível: o Parágrafo 1589 do novo Código.

Scholl

Então, o Parágrafo 1589 é sobre o que vocês, senhoras, conversavam. Eu sou muito grato à sra. Helmut pelas sementes da rebelião que ela plantou na mente da minha mulher. Eu próprio lhe agradecerei por isso. Por enquanto, no entanto, peço que você desista das relações com essa senhora e com as reuniões da Associação.

Alice *(com crescente excitação)*

Diga, Martin. É verdade, é possível que se faça uma lei que diga que o pai não está ligado ao filho como parente? Martin, quando penso que a nossa filha não teria nenhum pai, que você teria o direito de me dizer: eu não conheço essa mulher e a filha dela... Essa mulher que se entregou a você de corpo e alma. Oh, Martin, ria de mim, diga-me que entendi errado o que as mulheres estavam dizendo.

Scholl

Não posso lhe dizer que você entendeu errado o que as mulheres estavam dizendo. O Parágrafo 1589, que você mencionou, deve ser realmente incluído no nosso Direito de Família... Mas o que você não entende — e que não precisa entender, por enquanto, por ser jovem — são as condições que tornam esse parágrafo desejável ou mesmo necessário. Uma série de ligações familiares belas, tranquilas e ideais teriam desmoronado, ou nunca teriam sido feitas, se cada homem tivesse que manter até a velhice as ligações a que as suas paixões de juventude o levaram.

Alice

Mas a mulher que compartilhou essa paixão, e a criança, cuja vida ela deve agradecer a essa paixão, porque eles não deveriam ter direitos? Se a mulher e a criança precisam viver como pecadores, então a paixão é pecaminosa e deve ser confessada e expiada, ou a paixão existe como direito no seio do ser humano, e então ambas as partes, homem e mulher, devem enfrentar as consequências.

Scholl

A sra. Helmut te instruiu bem.

(A campainha toca.)

Alice

Não, não, isso que acabei de dizer, a sra. Helmut não disse nada. No meu caminho de ida até essas pobres mulheres, e depois na volta — tive uma boa hora até chegar lá —, esses pensamentos passaram pela minha cabeça. Só agora eles ficaram muito claros para mim, enquanto eu tentava expressar o que estava pensando. Como tudo isso é horrível! Liberte-me desse pensamento terrível. Diga-me que as coisas não são assim, que tudo é diferente, que não somos injustos!

Scholl

Já lhe disse que, no interesse da tranquilidade e da felicidade familiar daqueles estratos da sociedade que são os verdadeiros portadores da civilização...

A criada

Tem uma criança mendiga aqui que não vai embora.

Scholl

É só dizer a ela que sou membro da Associação Contra a Mendicância.

Alice

Não, não, Marie, deixe a criança entrar; eu a chamei aqui.

A criada *(impertinente)*

O pátio de entrada acabou de ser limpo.

Alice

Então deixe a menina ir à cozinha e lhe dê um copo de café e um pãozinho.

A criada

Não tem mais café.

Alice *(sai com um gesto de má vontade, seguida pela criada.* ***Martin*** *acende um charuto e caminha lentamente pela sala.* ***Alice*** *volta com pressa)*

A pobrezinha está azul de frio.

Scholl

Agora me diga, Alice, o que isso tudo significa? Você talvez queira começar com ideias filantrópicas e atrair todos os tipos de ralé para casa? Compartilho com Marie um gosto pela limpeza e meus nervos olfativos são muito bem desenvolvidos. Para mim, é terrível o cheiro dos pobres.

Alice

Apenas ouça o contexto, porque pedi para a garota vir aqui e tenho certeza de que você vai concordar comigo em todos os aspectos.

Scholl *(impaciente)*

Bom, vamos lá!

Alice

A Associação de Ajuda às Mulheres envia questionários às famílias que a contatam para obter apoio. Quando esses questionários retornam preenchidos, as reuniões determinam que tipo de apoio deverá ser dado às solicitantes. Dia desses, chegou uma carta de uma mulher para a Associação pedindo ajuda para uma vizinha. Uma das senhoras que assumiu a pesquisa foi até a mulher em uma das ruas mais remotas da zona portuária. Depois de alguns dias, trouxe a resposta de que a mulher estava muito doente e aparentemente vivia em condições muito precárias; de um jeito bem determinado, no entanto, essa mulher se recusou a fornecer qualquer informação sobre si mesma e declarou que não aceitaria nenhum apoio, bem como que a carta da vizinha à Associação havia sido escrita sem o seu conhecimento e contra sua vontade. O conselho considerou o caso resolvido com o argumento de que a mulher não poderia ser apoiada contra a sua vontade e que, provavelmente, tinha recursos que não queria mencionar.

Scholl

Isso é muito correto.

Alice

Até pode ser correto, mas a ideia de que essa mulher doente, talvez por boas e reais razões, preferisse suportar sua miséria com a família a se registrar em um questionário, levou-me a ir depois da audiência ao porto para ver se ela, com o incentivo de alguém, não aceitaria a ajuda.

Scholl

E então ela pediu cem marcos. Era mais prático do que aceitar leite, carne ou carvão da Associação.

Alice

Você está cometendo uma injustiça cruel com essa mulher. Se você tivesse visto e ouvido o que eu vi e ouvi lá, também pensaria e falaria de maneira diferente.

Scholl

Provavelmente a quantidade de sujeira, decadência, preguiça e embriaguez não diminuiria minha opinião por causa de sentimentalismos modernos e humanitários.

Alice

Encontrei a mulher no terceiro bloco de uma casa angulosa. A entrada, a escada, que se tornou uma espécie de condutor para o topo, assim como o cheiro no corredor, eram tão horríveis que uma estranha sensação de medo e ansiedade se apoderou de mim. Tive que tomar coragem para bater na porta e, em resposta a duas vozes lá dentro, entrei. Imagine um pequeno quarto no sótão; lá dentro, uma cama, na qual uma jovem estava deitada com olhos brilhantes; um berço, no qual uma criança vestida estava sentada; um fogão, em cima do qual havia uma panela com roupa fervendo, trapos pendurados para secar entre o fogão e a janela, e o que ali ainda restava de ar era tomado da mulher doente por outras duas mulheres, cada uma com uma criança no braço, enquanto elas falavam alto e violentamente sobre a pobreza. Eu não sabia nem o que dizer. Como um fantasma, que atiça e perturba todos os sentidos ao mesmo tempo, fiquei paralisada diante da pobreza.

Scholl

Você está ficando poética, minha querida esposa.

Alice

Não sei o que eu disse primeiro, como me desculpei pela minha entrada na casa de pessoas que não conheço. Depressa, as duas mulheres se tornaram muito comunicativas, enquanto a mulher doente me olhava silenciosamente, de modo quase hostil. Pouco a pouco entendi, com uma das mulheres — a mesma que havia escrito à Associação —, que a mulher doente era costureira de uma confecção de roupas para exportação e que estava doente do peito. Não podia trabalhar, o aluguel estava atrasado, não queria mais pedir empréstimos ao padeiro... E a mulher era tão teimosa que não queria aceitar nenhum apoio. Notei que a doente queria falar, mas um terrível acesso de tosse a impediu de fazê-lo. Saí pela porta e uma das vizinhas me seguiu e me contou mais coisas, mas só me lembro dessa história terrível de que a mulher... a mulher, não... de que a criança... não tinha pai!

Scholl

Bem, era uma criança ilegítima. Isso acontece muito. Por que você está me contando isso? São coisas desagradáveis sobre as quais não gostamos de falar e ouvir, com as quais não deve ocupar sua mente ou roubar sua alegria. É precisamente a sua felicidade infantil que é tão boa para mim em minha vida atarefada. Você não deve pensar em coisas que não pode mudar.

Alice

Não posso ajudar todas as pessoas, eu sei bem disso. Mas quando me deparo com um caso em que é possível ajudar, em que há tanta necessidade, como ali, é meu dever ajudar. É por isso que pedi à filha de uma dessas mulheres que viesse aqui. Quero enviar àquela doente algo para que ela pelo menos fique aliviada das preocupações mais urgentes hoje e possa comprar um pouco de comida. O aluguel atrasado é de 43 marcos, o padeiro recebe 18 marcos, a farmácia 2,50...

Scholl

Essas pessoas não têm nenhum seguro de saúde?

Alice

Isso eu não sei.

Scholl

Você está vendo como está mal-informada e pode ser facilmente enganada? Já estou vendo, vou precisar cuidar do assunto para que o seu bom coração se acalme.

Alice *(alegremente satisfeita)*

Eu sabia, Martin, que você é bom. O que devemos fazer? Quanto queremos dar?

Scholl

De antemão, nada. Essas coisas devem ser pesquisadas exaustivamente com sangue frio. Tenho que ir para a redação agora. No próximo dia que fizer bom tempo, vamos dar uma caminhada juntos até o porto e você me leva até sua pobre mulher. Está satisfeita comigo agora? Eu não ganho um beijo? Bem, então vou pegar um para mim! *(Beija-a e vai embora)*

Alice

No próximo dia que fizer bom tempo! E até lá? *(Vai até um armarinho, pega os livros de despesas domésticas e uma caixa de lata)*. 25 marcos é tudo que posso dar! Melhor do que nada. Martin, você precisa ir comigo lá amanhã. *(Embrulha o dinheiro num pedaço de papel e vai até a cozinha)*

A criada *(vem até a porta do meio, vai à sala ao lado e volta com um casaquinho na mão)*

Esse casaquinho teria ficado melhor em mim do que nos mendigos. Mas hoje não há nada a fazer com a senhora. Ela parece ter se levantado com o pé esquerdo. Está dando poucas ordens e parece com a cabeça nas nuvens.

Terceiro ato

A cena se passa no sótão de uma pequena casa e está dividida de tal forma que à direita se vê um pequeno cômodo, de onde uma porta baixa dá acesso a uma antessala. Uma escada estreita leva à antessala, de maneira que os que ali chegam encontram dificuldade, como se estivessem subindo de um alçapão. Paredes tortas. À esquerda, uma claraboia; vigas, caixas, tralhas e utensílios domésticos antigos estão espalhados. Varais estão esticados de forma cruzada. Ao lado da porta está um cesto com roupa lavada. No cômodo, encostada à parede, sob uma fenda no telhado, uma cama e um berço. Uma cômoda ao lado da porta; no meio da sala fica um fogão de ferro, que é, ao mesmo tempo, uma lareira, e tem canos longos e largos. Máquina de costura, uma mesinha com alguns talheres e copos, um lampião, uma fatia de pão. Ao pé da cama, uma pequena mala. A cama está sem cobertor — é possível ver travesseiros limpos e coloridos. Edredom. No meio da sala, perto do fogão, ***Susanne*** *está sentada em uma velha poltrona de couro, o rosto virado para a porta.* ***Irmã Clara*** *alisa a cama e anda de um* *lado para o outro do quarto para organizar tudo.* ***Katharina*** *está no fogão. Uma vizinha entra com uma criança no colo e uma segunda segurando as pregas da saia.* ***Martha*** *está brincando no canto da sala.*

Vizinha *(tagarela)*

Veja só, vizinha, como a senhora resistiu contra a Irmã Clara e agora está aí sentada feito uma princesa e pode respirar muito melhor. Eu sempre digo, Deus é bom. Alguém poderia pensar que Ele só levou a velha Posingern para que a senhora pudesse agora se sentar na poltrona dela e Katharina pudesse cuidar da senhora. Não é?

Irmã Clara *(empurra suavemente a mulher para fora da porta)*

Silêncio, silêncio, vizinha. A sra. Susanne deve ter absoluto sossego e dormir agora; caso contrário, o ataque de tosse vem de novo.

Susanne *(baixo)*

Agradeço a senhora, Irmã Clara.

Irmã Clara

Fique tranquila, sra. Susanne. Hoje, no final do dia, eu volto, e então nós vemos se é melhor passar a noite na cama ou na poltrona. *(Vai atrás da poltrona e acena para* ***Katharina****, para lhe dar, sem que a doente veja, alguns ovos e uma garrafa de leite que estão na sua bolsa. Exausta,* ***Susanne*** *se recosta na* *poltrona com os olhos fechados.* ***Irmã Clara*** *prepara-se para partir)*

Katharina *(em sussurro)*

Irmã Clara, as coisas vão ficar muito feias para ela? *(A enfermeira acena em concordância).* Eu sabia que ela não conseguiria sobreviver à prisão por muitos dias. Três meses sem luz e ar... Sem poder ver a filha e toda a vergonha e injustiça. *(Cerra o punho)*

Irmã Clara

Calma, calma. A senhora não deve falar de injustiça assim. É compreensível e humano que a sra. Susanne tenha vindo a agir mal no sentido da ordem civil. Mas pregar sedição é um erro que deve ser punido para que tudo o que há de bom no mundo não se destrua.

Katharina *(alto)*

Oprimir e explorar os fracos não é agir mal?

Irmã Clara

Silêncio, silêncio, pelo amor de Deus. Nem mais uma palavra que possa incomodar a doente.

Katharina *(em voz baixa)*

Irmã Clara, diga-me sinceramente, eu posso suportar o que for preciso: quanto tempo mais isso pode durar?

Irmã Clara

Talvez dias… Talvez apenas mais algumas horas. À noite eu volto.

Katharina

Posso me arriscar a ir entregar o meu trabalho agora? Precisamos de dinheiro e eu não gostaria de sair tarde hoje. Já me aconteceu de ser perseguida algumas vezes à noite e hoje estou com menos humor ainda que o normal para ouvir bobagem.

Irmã Clara

Susanne provavelmente não precisará de nada na próxima hora. Ela está dormindo de exaustão. Adeus.

(É possível vê-la cruzando a antessala e descendo as escadas com cuidado.)

Katharina *(enrola um lenço em torno da cabeça e pega um grande pacote nos braços)*

Martha, vou fazer essa entrega. Preste atenção se sua mãe precisar de alguma coisa. *(Sai silenciosamente pela porta e vê o cesto de roupa ali parado).* Agora até lavar a Irmã Clara lavou! *(Guarda o pacote e pendura a roupa para secar, mantendo um pequeno canto da janela discretamente fechado)*

Susanne *(chama baixinho na sala)*

Martha. *(A criança vem até a mãe).* Você vai ser sempre uma menina valente, Martha, mesmo quando a mamãe não estiver aqui?

Martha

Sim, vou me manter forte quando o policial te levar embora novamente. *(Aconchega-se na mãe)*

Susanne

Você já é uma criança muito sensata, Martha, promete que nunca vai fazer algo de mau, mas que também nunca vai sofrer injustiças.

Martha

Vou ser sempre valente, mãe.

*(Susanne inclina-se para trás, a criança permanece sentada aos seus pés. Enquanto **Katharina** ainda está ocupada com a roupa, **Weidmann** aparece tropeçando nas escadas com um casaco escuro.)*

Katharina *(assusta-se um pouco, mas não perde a calma)*

Ei, o que traz o senhor aqui?

Weidmann

É muito difícil chegar até aqui, KathIarininha. Bem, espero que você reconheça isso e me receba como....

Katharina

Por mim, o senhor poderia ter ficado lá embaixo. Não consigo nem imaginar o que quer aqui. Tem uma mulher muito doente lá dentro e não estou com tempo para o senhor. *(Pega o pacote e quer descer as escadas)*

Weidmann *(mostra-lhe o caminho com gestos impertinentes)*

Não, Kathariininha! Nós não jogaremos assim. Agora que subi até aqui correndo risco de vida, também quero minha merecida recompensa.

Katharina

Se o senhor não for embora agora, vai ver só.

Weidmann *(largando-a)*

Por que tão irritada, Kathariininha? Não posso receber um pouco do seu amor enferrujado?

Katharina

Não tenho amor nenhum para lhe oferecer e também não quero nada.

Weidmann

Também não vim de mãos abanando. *(Pega algo dentro do bolso).* Aqui, um coraçãozinho dourado para o meu coraçãozinho dourado.

Katharina

Conversa boba! Deixe-me ir.

Weidmann *(impacientemente intrusivo)*

Apenas escute, Katharina. Vim até aqui e subi as escadas somente para convidar, pessoalmente, a senhora para hoje à noite. Posso provar melhor o quanto eu lhe amo por meio desses… desses reais… sacrifícios.

*(**Katharina** olha para **Weidmann** com uma risada desdenhosa.)*

Weidmann

Hoje à noite você vem ao meu quartinho de solteiro, que ninguém conhece, e lá nós nos sentamos juntos e conversamos. Você me prepara um chá, como uma fina senhora, e nós nos sentamos juntos e conversamos… E *(ouve-se falar nas escadas)* parece que tem alguém vindo!

Katharina *(indiferente)*

Pode ser. Não sei quem.

Scholl *(de baixo)*

Sua atitude humana pode nos custar caro nesta escada.

Alice *(aparece lentamente tateando para cima)*

Eu vou na frente, Martin, para que a mulher não se assuste com a visita. Ela já me viu.

Weidmann *(assusta-se ao ver **Alice**)*

A esposa de Martin! *(Ele se esconde rapidamente atrás das roupas, no canto da janela)*

*(**Katharina** continua de pé. **Alice** não a vê. **Scholl** também aparece com um charuto aceso na mão.)*

Alice

Martin, você não vai querer fumar no quarto de uma pessoa gravemente doente.

Scholl

É uma erva fina com uma bandagem corporal que acendi especialmente para me entorpecer; mas, como você quiser, Licinha. Vou procurar um lugar onde possa depositá-lo, sem que o barraco pegue fogo.

*(**Alice** entra silenciosamente na sala. Como a mulher doente está sentada ali com os olhos fechados, ela permanece em pé na porta. **Martha** põe o dedo sobre a boca com um gesto sábio para a idade.)*

*(**Scholl** procura um lugar para colocar o charuto, percebe **Katharina**.)*

Katharina

Basta colocar o charuto na canaleta em frente à janela, não vai acontecer nada ali. *(Ela aponta para o canto onde está **Weidmann**, com a gola do casaco levantada)*

Scholl *(vai atrás das roupas)*

Alex, você por aqui?

Weidmann

Eu poderia te perguntar no mesmo tom *(repreensivo)*, e ainda por cima com a sua esposa, numa casa dessas!

Katharina

Não há nada de indigno nessa casa e nas pessoas que aqui moram, a não ser o que elas trazem para dentro.

Scholl

Esta é provavelmente a sua famosa Katharina; ainda parece bastante indomável.

Weidmann *(falando apressadamente)*

Minha Katharina? Isso não. Só lhe peço uma coisa, Martin: por favor, não diga à sua esposa que eu estive aqui. Minha honra pode sofrer aos seus olhos, e você sabe o quanto me importo com seu julgamento. Noutro momento eu te conto porque vim aqui. Agora preciso ir para a firma; dei ao meu pai minha palavra de honra. *(Tateia o caminho descendo as escadas o mais rapidamente possível)*

Katharina *(chama por ele)*

Patife covarde!

Scholl

É aqui que mora a pobre mulher que recusou o apoio da Associação de Ajuda?

Katharina

Sim.

Scholl

A senhora que escreveu por ela para a Associação?

Katharina

Não.

*(**Scholl** entra na sala fazendo barulho, **Katharina** segue as suas pegadas.)*

Susanne *(levanta-se do sono, olha fixamente **Scholl** por um momento)*

Martin, Martin, finalmente você veio... para trazer o que é de direito da sua filha. *(Afunda de volta, sem vida)*

Alice

Martin, pelo amor de Deus, você conhece essa senhora... a criança?!

Scholl *(confuso)*

Eu... eu a conheço... eu a conheci uma vez. Vai, Alice... vai... me espera lá embaixo... eu já vou... eu só quero...

Alice *(inclina-se sobre a mulher moribunda)*

Sra. Helfrich, me escute! Eu não sabia de nada sobre os horrores que a senhora sofreu. Mas, acredite em mim: eu juro, pela vida da minha filha, que gostaria de levar a sua comigo...

Katharina *(se aproxima de forma decisiva)*

Não, a senhora não vai fazer isso. A filha da sra. Helfrich é responsabilidade minha; eu vou criá-la para ser inimiga de seus inimigos. *(Joga-se aos pés de **Susanne** com a criança).* Susanne, pobre Susanne! *(Alice parece imóvel e olha para a frente)*

Scholl *(em uma mistura de vergonha e raiva, quer pegá-la pelo braço)*

Vamos, Alice. Vou ver o que consigo fazer. Mais tarde... amanhã...

Alice *(repele o toque de **Scholl** em seu braço)*

Vou com você, Martin. Mas você acha que, depois de tudo o que fiquei sabendo, tudo pode ficar como estava entre nós? Não. Eu vou com você, mas só até onde o meu dever como mãe da nossa filha exigir, e para salvar a minha filha do meu destino. Sua esposa eu não sou mais... Esse é meu direito, é direito da mulher. *(Ela rejeita **Scholl** imperiosamente e vai sozinha até a porta)*

(Cai a cortina.)

Movimento feminista moderado e radical

Gemäßigte und radikale Frauenbewegung (1899)

Movimento feminista moderado e radical[1]

Em geral, as pessoas filiadas a partidos — e que, portanto, são partidárias — não conseguem conceber que também possam existir aquelas que há tempos se interessam por movimentos e causas sociais, que podem inclusive se dedicar a trabalhos individuais nessa área, sem nunca terem tido a oportunidade de entrar em contato com os partidos enquanto tais — e mantiveram-se, portanto, apartidárias.

Foi de um ponto de vista não partidário como esse que o Dia das Mulheres de Königsberg (de 1 a 4 outubro) e, em seguida, a Assembleia de Delegadas das Associações "Frauenwohl",[2] em Berlim (de 5 a 7 de outubro), proporcionaram algo

1 Texto publicado no jornal *Ethische Kultur: Wochenschrift zur Verbreitung ethischer Bestrebungen* [*Cultura ética: semanário para a difusão de aspirações éticas*], Vol. 7, n. 45, 1899, pp. 354-355. Assinado originalmente como "P. Berthold (Frankfurt am Main)".

2 Do alemão: "Bem-Estar das Mulheres". Foi uma associação fundada em 1888 em Berlim por Minna Cauer (1841-1922) e que se expandiu para diversas cidades da Alemanha com o objetivo de promover demandas fundamentais para a igualdade

tão bonito que quase se poderia dizer que foi um extraordinário retrato do movimento feminista alemão. Com uma segurança remansosa e solene, iniciado e acompanhado por diferentes honras civis, o Dia das Mulheres foi realizado em Königsberg junto com a 20ª Assembleia Geral da Associação Geral de Mulheres Alemãs. A condução de toda a organização ficou nas mãos de mulheres que haviam avançado autodidaticamente por décadas, lutando contra todo tipo de opositores, até por fim alcançarem um auge que hoje não só lhes mostra que vale a pena lutar pela metade maior do gênero humano, mas também já permite uma bela retrospectiva do trabalho realizado.

Em seu livro *Reivindicação dos direitos da mulher*, no capítulo sobre educação nacional, Mary Wollstonecraft diz:

> Para fazer com que o pacto social seja verdadeiramente equitativo e a fim de difundir esses princípios esclarecedores, os únicos capazes de melhorar o destino do ser humano, deve-se permitir às mulheres que lancem os alicerces de sua virtude no conhecimento, o que é muito pouco possível, a não ser que sejam educadas com as mesmas atividades que os homens.[3]

---

de direitos das mulheres. Entre as pautas estavam a reforma do sistema prisional e do sistema escolar feminino, para preparar as meninas para o ensino universitário; e a melhora nas condições de trabalho — ampliação de vagas, aumentos salariais e expansão para novas áreas [N.T.].

3 Wollstonecraft, M. (1792/2016). *Reivindicação dos direitos da mulher* (I. P. Motta, trad.). São Paulo: Boitempo, p. 224; trad. modificada [N.T.].

Os caminhos para chegar ao conhecimento e ao discernimento são diversos. A partir de experiências práticas, pode-se abstrair regras e leis que conduzem a princípios gerais, mas tão somente pela via da especulação pode-se chegar aos mesmos resultados.

Há anos, a Associação Geral de Mulheres Alemãs vem percorrendo o caminho da experiência prática e cada grande passo para as mulheres é conquistado e auferido por meio de um trabalho constante. O direito de trabalhar, de poder ganhar o próprio sustento — que Louise Otto Peters,[4] como alemã, reivindicou pela primeira vez para as mulheres alemãs — aos poucos foi ganhando vida no movimento como uma demanda; demanda que hoje é vista como uma tendência que se alçou a uma importância significativa no trabalho de assistência social. Foi nesse terreno de trabalho — que tem o propósito de mobilizar o mundo das mulheres para se ajudarem, para prevenirem danos sociais e encontrarem remediações — que as fundadoras da Associação Geral de Mulheres Alemãs engendraram, pela primeira vez, uma questão feminina na Alemanha e levaram, progressivamente, a um movimento feminista.

---

4 Louise Otto Peters (1819-1895) foi uma sufragista alemã e uma das maiores líderes da luta pelos direitos das mulheres na metade do século XIX na Alemanha, dedicando boa parte de seu trabalho às mulheres da classe trabalhadora. Em 1849, lançou o primeiro jornal na Alemanha dedicado às questões das mulheres, *Frauenzeitung*. Em 1865, junto com Auguste Schmidt (1833-1902), Henriette Goldschmidt (1825-1920) e Ottilie von Steyber (1804-1870), fundou a Allgemeiner Deutscher Frauenverein (ADF) [Associação Geral de Mulheres Alemãs] [N.T.].

Desde então, gerações de mulheres e inúmeras associações femininas foram arrastadas por essa corrente que veio de Leipzig e seguiram os caminhos que tiveram de tomar como resultado de influências individuais e locais. Estabeleceram para si metas que estão, em parte, mais próximas e, em parte, mais distantes — empenhando-se em conquistas, em parte, ideais e, em parte, práticas. A programação do Dia das Mulheres em Königsberg ofereceu, em excerto, um retrato das abrangentes atividades e da ampla influência da *intelligentsia* que a Associação Geral de Mulheres Alemãs tem sido capaz de atrair para sua esfera de interesses.

No decorrer das negociações e assembleias em Königsberg, foram discutidas, sem exceção, todas as áreas que poderiam ser um meio ou um fim, um caminho ou uma meta, no que diz respeito às questões das mulheres: a mulher na comunidade civil; a proteção jurídica e a proteção das trabalhadoras (inspeção fabril); o ensino ginasial e as escolas de formação para moças; os esforços para uma elevação da moralidade; o entretenimento popular; a reforma do sistema de abrigos infantis; o atendimento às jovens detentas; a assistência financeira e o desenvolvimento de novas fontes de renda para mulheres. Todos esses temas foram apresentados à Assembleia — quer nas conferências e nos relatórios, quer apenas no decorrer de animadas discussões — e, sem dúvida, trouxeram um novo estímulo para um grande círculo de ouvintes, homens e mulheres. A tarefa que esse programa de trabalho estabelece para as mulheres, que pode ser resumida como a luta da mulher por liberdade política em igualdade de direitos com o homem, é tão grande que deve se valer de todas as forças a fim de se assegurar o avanço numa frente única.

Dada a magnitude dessa tarefa e as várias dificuldades, externas e internas, que se apresentam, por um lado; e dado que o objetivo final permanece igual em todos os pontos de vista, por outro, o fato de haver uma cisão dentro do próprio movimento feminista é uma percepção muito lamentável.

Justo hoje, quando a compreensão dos deveres e direitos começa a crescer; justo hoje, quando todas as líderes estão empenhando todas as suas influências para que o interesse da grande massa se concentre de modo uniforme nos mais importantes objetivos, práticos e ideais, do movimento: em vez de ficarem juntas em unanimidade, vimos recentemente como várias associações dentro da Federação das Associações de Mulheres Alemãs estão prestes a se desligar da liderança da associação berlinense "Frauenwohl" a fim de seguirem seus próprios caminhos como uma "Liga". Aquelas que levantam essa bandeira gostam de se nomear como "radicais" ou "jovens", e olham com desprezo para as "velhas" ou "moderadas". A galinha despreza o ovo do qual foi chocada.

A necessidade de fundar essa Liga foi demonstrada em algumas "teses" na Assembleia de Delegadas em Berlim. Na primeira delas, seria exigida "a necessária representação das novas ideias e das novas formas de ação" para o progresso do movimento feminista alemão.

As "novas" ideias são a inclusão da *questão da moralidade* no Programa de Trabalho Feminino, a *exigência do direito ao voto*, a criação de ginásios para moças — ou, antes, de *escolas secundárias para moças*[5] — e o *incentivo à classe trabalhadora* por meio de um movimento conjunto da mulher burguesa com a operária.

Algumas oradoras excelentes iluminaram os tópicos individuais de forma espirituosa e acalorada; o que disseram, porém, só era novo na medida em que silenciavam sobre o fato de que cada uma dessas "novas" ideias já possuía os seus representantes na Alemanha.

A sra. Bieber-Böhm[6] tem lutado muito, e há bastante tempo, pela questão da moralidade. A srta. Mellien[7] colocou a público os seus estudos sobre o sistema penitenciário e a sua proposta de educação para que jovens que cometeram crimes há mais de dois anos possam voltar a trabalhar. A exigência do direito de voto para as mulheres como equivalente ao cumprimento dos nossos deveres cívicos é um pensamento familiar a

5 Na Alemanha, o ensino secundário é dividido em três modalidades de escola: o *Gymnasium* [ginásio], o mais longo e preparatório para a universidade; a *Hauptschule* [escola elementar], mais curta e que prepara para ingressar numa instituição de ensino profissionalizante; e a *Realschule* [escola secundária], um modelo intermediário que permite depois seguir por um dos dois caminhos [N.T.].

6 Hanna Bieber-Böhm (1851-1910) foi uma feminista alemã e pioneira no serviço social. Em 1889, fundou a associação Jugendschutz [Proteção da Juventude] para dar abrigo e ajudar mulheres jovens a encontrarem empregos em Berlim, como forma de protegê-las da prostituição. Para esse combate, era a favor de leis fortes contra homens clientes de prostituição. Em 1883, foi representante da ADF e cofundadora da escola secundária feminina em Berlin-Charlottenburg, que mais tarde foi assumida pelo próprio município [N.T.].

7 Marie Mellien (1851-1904) publicou os artigos "Weibliche Kriminalität" ["Criminalidade feminina"] (1901) e "Die weibliche Kriminalität im Deutschen Reiche" ["A criminalidade feminina no Império Alemão"] (1902) no jornal *Die Frau* [*A mulher*] (1901) [N.T].

todas as ativistas dos direitos das mulheres como seu objetivo final. A referência da Associação "Frauenwohl" à necessidade da criação de ginásios para moças é, claramente, muito favorável à causa das mulheres; porém, se o sucesso dos ginásios femininos *já existentes* não tivesse sido ignorado no referido relatório — assim como os próprios ginásios —, a exigência poderia ter ganhado ainda mais relevância.

No que diz respeito à convocatória para a organização das operárias, foi um homem quem poupou à assembleia de mulheres no Parlamento a vergonha de esse tema ser abordado em Berlim sem que se pensasse na mulher que havia introduzido a questão das mulheres trabalhadoras como uma ideia nova, de fato, na agenda do movimento feminista: Jeannette Schwerin.[8]

Se compararmos de forma imparcial os dois programas de trabalho, como apresentados em Königsberg e em Berlim, devemos achá-los idênticos a princípio, e podemos chegar a supor que os movimentos feministas "radical" e "moderado" representam duas tentativas de solução para o movimento feminista: as representantes de um querem escalar ousadamente

---

8 Jeannette Schwerin (1852-1899) foi uma ativista pelos direitos das mulheres na Alemanha e uma das pioneiras do serviço social. Ela ingressou na Associação "Frauenwohl" no ano de sua fundação, em 1888. Em 1894, apresentou uma petição ao Parlamento exigindo que as mulheres pudessem se tornar inspetoras nas indústrias. Em 1896, defendeu a colaboração entre o movimento feminista de classe média e a classe proletária. Em 1892, Schwerin e seu marido fundaram a Deutsche Gesellschaft für Ethische Kultur [Sociedade Alemã para a Cultura Ética], que em 1906 se tornou a Zentrale für private Fürsorge e. V. [Central de Assistência Privada] de Berlim [N.T.].

a montanha pelo ponto mais íngreme; as outras querem escalá-lo, com segurança, em espiral. Para indivíduos fortes, uma primeira ascensão tão audaciosa pode ter grande apelo, mas não se deve conduzir uma grande multidão destreinada por trilhas onde exista a probabilidade de a maior parte ficar fatigada e incapaz de caminhar. E a causa das mulheres precisa de um séquito numeroso e capaz.

Porém, apesar da explicação para a existência de uma direção radical no movimento feminista, ainda não foi encontrada nenhuma explicação — e muito menos uma justificativa — para os pecados de silenciamento cometidos na Assembleia de Delegadas em Berlim; e isso permanece sem resposta, uma vez que as razões psicológicas são insuficientes em relação aos fatos. Como essa divisão no movimento feminista prejudica a própria causa em função de uma perda de força, e as desavenças partidárias depreciam-na aos olhos do mundo, seria então muito desejável que, num futuro próximo, esses elementos vacilantes e tempestuosos não se quisessem mais encontrar perturbadoramente, mas de forma complementar e de auxílio mútuo.

Em ambos os campos deve-se aprender logo a reconhecer que o movimento feminista já representa hoje em dia um fator social cujas importância e relevância cresceram muito além da personalidade individual de suas líderes.

Quem tiver apreço pela causa igualitária, ocupe humildemente o lugar no qual, a partir do simples e consciente cumprimento do dever, a reivindicação de direitos há de surgir de forma lógica e inevitável.

Contra o tráfico de meninas

Gegen den Mädchenhandel (1909)

Contra o tráfico de meninas[1]

Cheguei a Bucareste em 3 de março de 1909 para realizar a incumbência da última reunião do Conselho Diretivo, ocorrida em 7 de fevereiro, e que consistia em apresentar à Sua Majestade, Rainha da Romênia, em nome da Federação de Mulheres Judias, o texto da petição.[2] Para o meu pesar, soube que a rainha não estava bem e que, por ora, não concederia nenhuma audiência; mas que ela havia tomado conhecimento da petição e, como estava interessada no assunto do combate ao tráfico de meninas, eu bem poderia discutir a questão com sua dama de companhia. Eu o fiz, mas a dama — uma escritora que, pode-se dizer, tem uma relação de amizade com a rainha — teve a gentileza de me oferecer a possibilidade de ser recebida pela rainha dali a alguns dias.

1 Texto publicado no jornal *Israelitisches Familienblatt* [*Folha da família israelita*] no caderno 16 (30 de abril de 1909, p. 11) e no caderno 17 (7 de maio de 1909, p. 10). O escrito é anunciado da seguinte maneira: "Informe da srta. Bertha Pappenheim, 1ª Presidenta da Federação de Mulheres Judias".

2 Ver abaixo, ao final deste relatório [N.E.].

Isabel de Wied (Carmen Sylva), Rainha da Romênia.

Como representante da Federação de Mulheres Judias, não podia deixar escapar essa oportunidade e decidi aproveitar alguns dias no país, no espírito da minha missão de olhar ao redor e procurar pessoas que estivessem dispostas a participar do combate ao tráfico de meninas.

Para os que conhecem as circunstâncias do país, só havia uma opinião possível a respeito da incontornável necessidade de uma campanha dessa ordem. Ouvi muitas coisas lamentáveis e vergonhosas tanto de judeus como não judeus, e de todos os estratos da sociedade; por outro lado, tive também a alegria de encontrar interesse — e, esperamos, ativo apoio — de muitas pessoas para a nossa missão com as mulheres. Em Bucareste, gostaria de fazer menção, em primeiro lugar, ao rabino dr. Beck,[3] que reconheceu o lado pastoral da missão; à sra. Rosa Staadecker,[4] uma mulher instruída no trabalho social e no pensamento social; ao sr. Schwarz,[5] ao dr. Stern[6] e outros, que, reconhecendo a importância de nossos esforços, convocaram uma pequena conferência, na qual

---

3 O rabino Meyr Moritz Beck (1845-1923) foi um teólogo, historiador e publicista romeno de origem húngara [N.E.].

4 Não foram encontradas informações a seu respeito, mas possivelmente esteja relacionada ao empresário Wilhelm Staadecker (?-1908): um dos alemães mais respeitados na Romênia, para onde se havia mudado ainda jovem. Em Bucareste, ele era membro da loja maçônica Egalitatea [Igualdade], a mesma frequentada por Adolf Stern e Filip Focşăneanu — com quem a autora se encontrará na cidade de Brăila [N.E.].

5 Trata-se, ao que tudo indica, de Adolf Schwarz, diretor da fábrica de papel local. Ele também era maçom e frequentava a loja Sapienţia [Sapiência] [N.E.].

6 Adolf Stern (1849-1931), advogado, publicista, escritor e tradutor romeno, era líder da comunidade judaica em Bucareste [N.E.].

pude explicar os objetivos de nossa Federação, em geral, e a fundação de centros de informação para mulheres e meninas, em particular. Em termos de entidades assistenciais, Bucareste — que, apesar de seus 50 mil habitantes judeus, não é uma comunidade judaica — não parece muito rica; toda energia é destinada às escolas, que são quinze no total e precisam ser integralmente mantidas com recursos privados.

Depois de alguns dias em Bucareste, fui para Brăila, onde, por meio da gentil apresentação do sr. e da sra. Focşăneanu,[7] rapidamente encontrei meu caminho para algumas figuras que seriam conquistadas por nossas ideias. Tive a oportunidade de falar com o sr. deputado Constantin Alessiu[8] sobre o tráfico de meninas do ponto de vista sociopolítico e de higiene pública. Ele pareceu interessado e receptivo, e prometeu apoiar qualquer campanha, que seria mais bem sucedida se uma iniciativa da rainha sinalizasse aos círculos influentes do país para se comprometerem oficialmente com essa missão.

Brăila possui uma comunidade judaica cujos recursos também se encontram muito comprometidos pela manutenção das escolas. A uma hora de trem de Brăila fica Galaţi, que, assim como Brăila, é um porto — e, portanto, um ponto importante para o tráfico de meninas e um ponto crucial para combatê-lo. Aqui também se faz necessário que todos os

---

7 Grafado incorretamente no original: "Facsaniam". Trata-se de Filip e Raşela Focşăneanu, banqueiros que haviam fundado, em 1898, uma escola secundária profissional para meninas, que leva o nome do casal [N.E.].

8 No original: "Alessien". Ao que tudo indica, porém, trata-se de Constatin Alessiu, que era natural de Brăila e havia sido prefeito da cidade [N.E.].

setores e estratos da população revisem certos conceitos e certas visões. Eu não teria como dizer com frequência suficiente o quanto nós, mulheres, não queremos de forma alguma considerar o combate ao tráfico de meninas apenas como objeto de caridade sentimental, mas sim como um dos meios mais indispensáveis de difundir — ou melhor, suster — a saúde e o bem-estar públicos.

Em Galați, encontrei total compreensão para tudo o que tinha a dizer nas figuras da sra. Wendel-Halford e da sra. consulesa Schmierer,[9] assim como da sra. Orenstein e da sra. Glaser, que me prometeu o interesse pela formação de um comitê também da parte do sr. Glaser[10] — o qual, em seu cargo de inspetor de navegação a vapor no Danúbio, pode prestar serviços inestimáveis à nossa causa. Naturalmente, o tráfico costuma ocorrer pela via aquática, que é mais remota e menos controlada, muitas vezes em navios de carga, o que aponta para a necessidade de ser enfatizada repetidamente nas conferências a importância de uma missão naval. Galați é uma comunidade judaica e, além de possuir escolas, têm instituições de assistência social que são um belo testemunho tanto da disposição para fazer sacrifícios quanto do entendimento

9 Sylvia Schmierer (1870-1963), que foi membro ativo da associação de mulheres judias de Galați — instituição da qual chegou a ser presidenta —, havia fundado na cidade, em 1900, a Escola Israelita para Meninas, que ela dirigiu por 47 anos e que leva o seu nome. Seu marido, Ludovic Leopold Schmierer, era cônsul dos Países Baixos e também conhecido por atividades filantrópicas [N.E.].

10 Trata-se, ao que tudo indica, do engenheiro alemão Paul Glaser, que viveu muitos anos na Romênia e atuou como diretor da Sociedade Petrolífera "Concordia" [N.E.].

de comunidade. O hospital sob a direção do dr. Feldmann[11] é notável enquanto edifício por suas instalações, e carece apenas de uma enfermeira-chefe e de enfermeiras treinadas para se tornar uma instituição exemplar para todo o país. A enfermagem como profissão para as mulheres instruídas é completamente desconhecida no país inteiro. Um asilo de idosos e as instalações para alimentar crianças também são bons. A escola de moças, cujo novo prédio foi construído com fundos do JCA,[12] é excelente; porém, por causa das limitações de recursos, infelizmente é necessário restringir o número de crianças a 250. A sra. Wendel arranjou-me mais um encontro com o governador, o sr. Gussi,[13] assim como com o líder da comunidade, o sr. Gottesmann,[14] e o conhecido representante do sionismo, o sr. Pineles,[15] e por isso espero que os círculos influentes em Galați se reúnam em breve para formar um comitê para um centro de informações.

---

11 Trata-se de S. Feldmann, diretor do Hospital Israelita, cuja construção havia sido inaugurada em 1903 [N.E.].

12 A Jewish Colonization Association [Associação Judaica de Colonização] foi criada em 1891 por Moritz Hirsch com o propósito de facilitar a emigração em massa de judeus da Rússia e outros países do Leste Europeu para colônias agrícolas em terras adquiridas na América do Sul e do Norte e na Palestina [N.T.].

13 Alexandru Gussi (1864-1947), no período da estada da autora no país, era governador do condado de Covurlui, cuja capital era a cidade de Galați [N.E.].

14 Trata-se de Bernard Gottesmann. A primeira escola primária para meninos da comunidade judaica da cidade foi nomeada em sua homenagem [N.T.].

15 Grafado incorretamente no original: “Pinclas”. Trata-se de Samuel Pineles (1843-1928), filantropo e ativista judeu. Em 1881, ele havia presidido o Congresso Sionista de Focșani, primeiro evento dessa natureza no país [N.E.]

É claro que não pude atender ao reiterado pedido de permanecer na cidade até a constituição de um comitê. Aos 13 de março, voltei a Bucareste e tive o prazer de ser informada na manhã do dia 14 que eu deveria comparecer, no mesmo dia, para uma audiência com a rainha.

Foi muitíssimo interessante para mim essa hora e meia que Sua Majestade se dignou a me conceder numa conversa bastante estimulante. A rainha Isabel da Romênia é uma mulher gentil, inteligente, amável, com um apurado senso social. É ela quem emana para todo o país a iniciativa de auxílio laboral no sentido moderno; e após um curto período sob o encanto da personalidade de Carmen Sylva,[16] compreende-se o entusiasmo que ela recebe de todos os estratos da população. A rainha sabe fazer perguntas tão bem quanto sabe falar, e foi conduzindo com grande habilidade a conversa, que tocou os pontos mais marcantes da vida da mulher moderna: o tráfico de meninas em conexão com questões da educação, o vestuário e o sufrágio feminino, a proteção à maternidade, as instituições de assistência social de todo tipo, a abolição, o alcoolismo e, acima de tudo, *a questão judaica. Se a rainha tivesse influência na política* — que por enquanto na Romênia, como em outros lugares, é reservada aos homens —, *os judeus romenos certamente obteriam mais justiça.* Ela não suporta nenhuma intolerância religiosa nas instituições sociais que estão sob iniciativa e influência da rainha. Sua criação favorita

---

16 Grafado incorretamente no original: "Silva". Trata-se do pseudônimo literário da rainha escritora Isabel de Wied [N.E.].

é o lar para cegos Vatra Luminoasă "Elisaveta",[17] a futura cidade dos cegos. Até o momento foram acolhidos 153 cegos, incluindo 17 de *confissão judaica*, e 3 professores *judeus* que ministram aulas. A própria rainha me disse que os judeus cegos que dão valor a isso receberão alimentação judaica.

Tendo em vista o "ardente interesse", como disse a própria rainha, que ela há muito tempo demonstra pelas várias questões que convergem no combate ao tráfico de meninas, estou confiante que a petição da Federação de Mulheres Judias virá a ser o impulso externo para que a Romênia também se comprometa oficialmente com o seu combate. E mesmo que eu tenha tido de ouvir repetidas vezes como, para nossa vergonha, os judeus estão envolvidos com o mercado, nós, mulheres judias, também podemos afirmar com certa satisfação que estamos *começando* a ter resultados no caminho do combate ao tráfico de meninas, defendendo destemidamente a lei e os bons costumes.

Petição da Federação de Mulheres Judias à rainha da Romênia

Maravilhosas palavras de indulgência e justiça, que só podem sair da pena de uma mulher, de uma poetisa e rainha, ressoam pelo mundo civilizado. Encorajada por essas palavras, uma liga de mulheres — a Federação de Mulheres Judias da Alemanha

---

17 Do romeno: "Lar Luminoso 'Isabel'". A pedra fundamental de suas instalações havia sido colocada pela rainha em 1º de agosto de 1906 [N.E.].

— ousa chamar a atenção, da rainha e mulher, para o mais terrível escândalo de nosso gênero: o tráfico de meninas.

Desde que nossos sentidos foram despertados e aguçados por Josephine Butler,[18] da Inglaterra, para as milhares de formas de miséria feminina; desde que William Coote[19] começou a perseguir os caminhos secretos da criminalidade que fez das filhas de um país uma mercadoria para os mais baixos propósitos; desde que sabemos, então, que existe um tráfico de meninas, é dever e tarefa das mulheres de todas as classes, de todas as nações e de todos os credos dedicar sua força ao combate contra o tráfico de meninas.

As condições sociais particulares no Reino da Romênia tornaram-se fatais para milhares de mulheres e meninas daí; tão fatais que a sua consciência moral é abafada pela simples pulsão de autopreservação. Encontramos, assim, inúmeras judias romenas compelidas aos caminhos do vício. Em vez de permanecerem como íntegras portadoras de uma cultura ancestral; em vez de cultivarem elementos morais valiosos no interior de uma nação à qual pertencem, indelevelmente, por nascimento, língua e educação, elas são lançadas à vergonha junto com muitas de suas irmãs cristãs.

Se nós, mulheres judias da pátria de Vossa Majestade,[20] ousamos pedir respeitosamente que dedique Vossa Altíssima

18 Josephine Butler (1828-1906) foi uma feminista inglesa e sufragista. Lutou para que mulheres tivessem mais acesso à educação, pela conquista de direitos iguais aos homens e contra o tráfico de meninas e mulheres para a prostituição [N.T.].

19 William Coote (1863-1924) foi um político irlandês [N.T.].

20 Isabel de Wied (1843-1916) era natural de Neuwied, na Alemanha [N.E.].

atenção ao combate do tráfico na Romênia, falamos como uma organização de um círculo relativamente pequeno, mas também falamos pelo conjunto das mulheres e meninas romenas. O destino da romena cristã que é compelida ao vício é o mesmo da romena judia: a destruição psíquica e moral do indivíduo — o que traz, simultaneamente, prejuízos à saúde pública, ao bem-estar e ao senso moral do coletivo.

E é por isso que esperamos que estas palavras, confirmadas e apoiadas pela assinatura de um número grande de mulheres que dedicam sua energia e interesse ao bem-estar de suas companheiras, encontrem eco na generosa rainha poetisa. Nosso respeitoso pedido é que Vossa Majestade não desdenhe de ouvir o lamento de um mundo que está demasiado distante da rainha, mas tão próximo da mulher, e que a vontade real de uma mulher possa mudá-lo para melhor com um traço de pena.

Com a mais profunda reverência,

O Conselho Diretivo da Federação de Mulheres Judias.

Mensagem de rádio para o senhor Wilson, presidente dos Estados Unidos

Funkspruch an Herrn Wilson, Präsident der Vereinigten Staaten (1918)

Mensagem de rádio para o senhor Wilson, presidente dos Estados Unidos[1]

Frankfurt a. M., 13 de dezembro. A Federação de Mulheres Judias procurou maneiras de fazer com que o Papa[2] dissesse uma palavra aos poloneses católicos contra os *pogroms* na Polônia; além disso, dirigiu a seguinte mensagem de rádio ao senhor Woodrow Wilson:

"Ao senhor Wilson, presidente dos Estados Unidos, Washington. A Federação de Mulheres Judias, união de 45 mil judias alemãs, pede ao sr. Wilson que volte sua atenção para os massacres horríveis que foram perpetrados recentemente

1 Texto publicado no seguinte volume, que reúne artigos de jornal escritos pela autora: *Zeitungsartikel*. Hamburg: Tredition, 2012, p. 67.

2 À época, Bento XV, que ocupou o papado de 1914 a 1922 [N.E.].

contra a população judaica em muitos lugares da Polônia — e especialmente em Lemberg, onde fizeram um grande número de vítimas. Esses assassinatos cometidos contra pessoas indefesas por causa de suas origens e sua confissão judaicas são horrendas reincidências de métodos medievais; e nós, mulheres judias, pedimos sinceramente, sr. presidente, que, como arauto moderno e defensor dos direitos humanos,[3] o senhor se empenhe em fazê-los cessar. Pela Federação de Mulheres Judias da Alemanha: ass. Bertha Pappenheim, Presidenta. Frankfurt, 3 de dezembro de 1918."

---

3 "No final de 1918, todas as pessoas da Europa tinham todas as suas esperanças depositadas no pres. Wilson. Os Aliados viam nele o poderoso defensor que apoiaria as suas reivindicações na conferência de paz; os alemães e austríacos estavam convencidos de que ele realizaria uma paz de justiça e reconciliação". Ellenberger, H. (1970/no prelo). *A descoberta do inconsciente: história e evolução da psiquiatria dinâmica* (P. S. de Souza Jr., trad.). São Paulo: Perspectiva [N.E.].

Posfácio

Os vários nomes de uma mulher

ILANA FELDMAN (1978-) é professora da Escola de Comunicação e do Programa de Pós-Graduação em Comunicação e Cultura da Universidade Federal do Rio de Janeiro. É pesquisadora, ensaísta e curadora independente. Realizou pós-doutoramento em Meios e Processos Audiovisuais na Universidade de São Paulo e em Teoria Literária na Universidade Estadual de Campinas, dedicando-se a pesquisas em torno das relações entre testemunho, trauma e políticas da imagem e da imaginação na paisagem cultural contemporânea.

Os vários nomes de uma mulher

Ilana Feldman

Toda pessoa tem um nome
dado por Deus
e por seu pai e por sua mãe

Toda pessoa tem um nome
dado por sua estatura, por seu sorriso
e por suas roupas

Toda pessoa tem um nome
dado pelas montanhas
e por seus muros

Toda pessoa tem um nome
dado pelos signos do zodíaco
e por seus vizinhos

Toda pessoa tem um nome
dado por seus pecados
e por seus desejos

Toda pessoa tem um nome
dado por seus inimigos
e por seu amor

Toda pessoa tem um nome
dado por suas festas
e por seu trabalho

Toda pessoa tem um nome
dado pelas estações do ano
e por sua cegueira

Toda pessoa tem um nome
dado pelo mar
e por sua morte[1]

— Zelda Mishkovsky

Anna O., Paul Berthold, Bertha Pappenheim. Seus nomes proliferaram na medida em que sua vida pôde ser reinventada.

Sob o nome de Anna O., Bertha foi a legendária histérica de Freud e Breuer. Filha da alta burguesia judaica vienense, proveniente de uma família severa e religiosa, participou da fundação da psicanálise por meio de sua "*talking cure*", método baseado na cura pela fala, ou fundamentada na cena da palavra. É Bertha quem cunha a expressão em inglês, em um momento de sua doença em que a língua materna, o alemão, havia desaparecido. De acordo com Elisabeth Roudinesco, em sua *História da psicanálise*, a história de Anna O. seria um

1 Mishkovsky, Z. (1974). Le-khol ish yesh shem [Toda pessoa tem um nome]. In *'Al Tirkhak*. Tel Aviv: Hakibbutz Hameuchad.

dos mitos fundadores da gênese da psicanálise: "se Freud descobriu o inconsciente, Bertha Pappenheim 'inventou' o tratamento analítico", afirma a historiadora.[2]

Sob o nome de Paul Berthold, Bertha foi um escritor prolífero. Ainda que suas primeiras histórias para crianças tenham sido publicadas em 1888 anonimamente, entre 1890 e 1900 Bertha usou esse pseudônimo em toda a sua produção literária, crítica e militante. Nesse período, livros infantis, textos de intervenção pelos direitos da mulher (a respeito de temas como sufrágio feminino, educação de jovens e meninas órfãs, casamento e amor livre, assistência social domiciliar, entre outros) e até mesmo a tradução do inglês para o alemão de *Reivindicação dos direitos da mulher*, de Mary Wollstonecraft, escrito originalmente em 1792, foram publicados sob o pseudônimo de Paul Berthold. Também a peça de teatro *Direito da mulher: peça em três atos*, escrita em 1899 e reunida neste volume, foi originalmente assinada por ele. Apenas em 1902, lutando contra a exploração sexual e a comercialização de jovens judias provenientes da Europa Oriental, uma das grandes batalhas de sua vida, Bertha passa a assinar o próprio nome.

Finalmente, sob o nome de Bertha Pappenheim, foi escritora, tradutora, assistente social, ativista e militante feminista. Fundadora da primeira organização nacional de mulheres feministas judias e criadora do primeiro lar coletivo para mães solteiras, crianças órfãs e meninas retiradas da prostituição, Bertha atuou intensamente nos campos do trabalho

---

2 Roudinesco, E. (1982/1989). *História da psicanálise na França* (Vol. 1) (V. Ribeiro, trad.). Rio de Janeiro: Jorge Zahar, p. 25.

assistencial e das causas feministas, bem como nos campos artístico e intelectual, como a introdução de Melinda Given Guttmann e a seleção de textos ora traduzidos e organizados por Julia Fatio Vasconcelos demonstram tão bem. Lançando-se no mundo social, político e cultural por meio da escrita, Bertha pôde, se não se curar completamente de seus sintomas, ao menos tomar a palavra na cena pública para fazer ouvir sua voz. "É impressionante que as origens de duas ideias revolucionárias do século XIX — psicanálise e feminismo judaico — encontrem-se unidas na história de vida de uma mesma mulher, muitíssimas vezes esquecida ou mal interpretada pelos historiadores", pontua Guttmann, sua biógrafa.[3]

Durante o tempo em que combateu ardorosamente o tráfico internacional de escravas brancas, isto é, as redes transfronteiras de cafetinagem de meninas e mulheres judias pobres oriundas dos *shtétlekh*[4] do Leste europeu, Bertha fez, entre os anos de 1903 e 1935 — pouco antes de sua morte, em 1936 —, inúmeras viagens a países da Europa Central e Oriental, bem como à Palestina, produzindo artigos para jornais, participando de congressos, conversando pessoalmente

3 Cf. neste volume: Guttmann, M. G. (1996). "Cumpre estar pronta para o tempo e a Eternidade": o legado de Bertha Pappenheim, p. 14.

4 Plural da palavra iídiche *shtetl*, *shtétlekh* denomina as pequenas cidadezinhas, vilarejos e bairros judeus falantes do iídiche em regiões pobres de Polônia, Lituânia, Ucrânia, Romênia, Moldávia (então Bessarábia), Bielorrússia e Rússia. Após séculos de perseguições e *pogroms* (palavra de origem russa que dá nome às pilhagens, destruições, estupros e massacres das populações judaicas locais), os *shtétlekh* desaparecem definitivamente da Europa em virtude da coletivização soviética e da política de extermínio da Alemanha nazista.

[Otto Goetze, c. 1904]
"Alerta urgente às jovens emigrantes.
Não aceite emprego no estrangeiro sem pesquisa prévia e confiável!
Em apuros e perigo, dirija-se ao escritório de emigração na estação ferroviária, ao serviço de assistência aos viajantes (Georgstrasse, 22), ou mesmo ao estalajadeiro."
— Comitê Nacional Alemão para o Combate Internacional ao Tráfico de Mulheres[1] (Escritório: Berlim Ocidental, Lützowplatz, 14)

1 Em 1907, o Comitê terá a Federação de Mulheres Judias [Jüdischer Frauenbund - JFB], fundada por Bertha Pappenheim em 1904, como uma de suas associações integrantes.

com monarcas e políticos influentes e publicando seu livro *Sisyphus-Arbeit* [*O trabalho de Sísifo*], em 1912. Nos textos "A 'imoralidade' das mulheres da Galícia" (região situada ao sul da Polônia e oeste da atual Ucrânia) e "Proteção das mulheres e das meninas", ambos integrantes do livro *Sisyphus-Arbeit*,[5] Bertha recusa o combate ao comércio sexual de meninas como objeto de "caridade sentimental", como também se vê no artigo "Contra o tráfico de meninas", de 1909 (reunido neste volume). Em lugar da benevolência e do sentimentalismo, atributos tão femininos aos olhos do machismo vigente, ela defende a adoção institucional de ações de proteção e a concessão de todos os direitos e recursos legais de que "qualquer ser humano, homem e mulher, precisa para preservar sua existência física e moral".[6]

Sempre com sagacidade e ironia, Bertha não apenas denuncia a situação das jovens judias pobres na Alemanha, na Galícia e na Europa Oriental, sem direito à escolaridade

---

5 Os artigos "Die 'Immoralität' der Galizianerinnen" ["A 'imoralidade' das mulheres da Galícia"] e "Schutz der Frauen und Mädchen. Das Problem in allen Zeiten und Ländern" ["Proteção das mulheres e das meninas: um problema pertinente a todos os tempos e todos os países"] foram traduzidos para o português por Claudia Fernanda Pavan e fazem parte da obra *Sisyphus Arbeit. Reisebriefe aus den Jahren 1911 und 1912* [*O trabalho de Sísifo: cartas de viagem dos anos 1911 e 1912*], na qual Bertha Pappenheim discute a grave situação de vulnerabilidade e marginalização das mulheres judias na Galícia e no Oriente Médio. Cf. Pavan, C. F. (2020). Tradução de textos selecionados da obra de Bertha Pappenheim. *outra travessia*, *1*(29). Disponível em: https://periodicos.ufsc.br/index.php/Outra/article/view/73270.

6 "A 'imoralidade' das mulheres da Galícia". Cf. Pavan, C. F. (2020). Tradução de textos selecionados da obra de Bertha Pappenheim. *outra travessia*, *1*(29), p. 124.

obrigatória e sem acesso a cursos profissionalizantes (ou, quando contratadas, sendo muito mais mal remuneradas que seus colegas homens), como também interpela a racionalidade das "pessoas de bem":

> Os senhores falaram, nas duas conferências anteriores, de um perigo iminente, de medidas de proteção — defensivas e preventivas — contra as mulheres da Galícia. Ninguém se pergunta, porém, sobre a causa e a extensão do mal. Mas que médico é esse, que deseja curar os sintomas e não pesquisa o tipo e a origem da doença?[7]

É assim que ela questiona seus interlocutores, criticando um tipo de medicina, ainda hoje atual, que não se interessa pelas causas, medicalizando indiscriminadamente seus efeitos. Curiosamente, ainda que Bertha nunca tenha se relacionado com as transformações do tratamento analítico no decorrer das primeiras décadas do século XX, com essa pergunta ela também parece fazer referência, indiretamente e por contraponto, à psicanálise como possibilidade de investigação profunda de sintomatologias não apenas individuais como sociais.

Bertha também pondera que a situação das meninas da Galícia é ainda pior do que a das meninas judias pobres alemãs. Enquanto na Alemanha, onde vive, a obrigatoriedade

---

7 "A 'imoralidade' das mulheres da Galícia". Cf. Pavan, C. F. (2020). Tradução de textos selecionados da obra de Bertha Pappenheim. *outra travessia*, *1*(29), p. 123.

escolar para as meninas vai até os 14 anos, na região da Galícia não há qualquer obrigatoriedade, contexto em que a possibilidade de instrução se torna irrisória, com altíssimo índice de analfabetismo entre as mulheres. Como agravante, dado o conservadorismo e o provincianismo correntes, na Galícia as meninas são consideradas inferiores aos meninos, segundo ela, não apenas em termos sociais, mas também religiosos. Como se sabe, para aquelas provenientes de famílias numerosas e muito pobres, não havia dote para garantir um "bom casamento" que as salvasse da penúria. Já para aquelas que ficavam noivas ainda na infância, existiam, de acordo com Bertha em "A 'imoralidade' das mulheres da Galícia", duas possibilidades:

> Se, então, sentem uma aversão crescente contra o homem que lhes foi determinado, só têm duas escolhas: ou se refugiam na vida religiosa ou saem mundo afora, a fim de se entregar, ilegalmente, ao mesmo destino que as aguardava, disfarçado sob o manto da legalidade e do qual tentavam escapar.[8]

Questionando novamente a hipocrisia moral e o preconceito de seus ilibados leitores, sobretudo aqueles do sexo masculino, Bertha lança ao final do texto uma pergunta tão simples quanto decisiva:

---

8 "A 'imoralidade' das mulheres da Galícia". Cf. Pavan, C. F. (2020). Tradução de textos selecionados da obra de Bertha Pappenheim. *outra travessia*, *1*(29), pp. 124-125.

> Essas judias — vendedoras ambulantes, artistas, garçonetes, chapeleiras, modelos, dançarinas de balé e coristas —, sim, elas se vendem. O "homem" fica moralmente indignado com isso. Contudo, como elas poderiam se vender se não houvesse compradores?[9]

Como se vê nesses questionamentos, essa era "a questão judaica na Galícia", outro artigo seu publicado em 1910, cujo título certamente faz referência ao célebre ensaio de Karl Marx, "Sobre a questão judaica", de 1844.[10] Mas isso, claro, muito antes que "a questão judaica" fosse convertida pela Alemanha nazista, eufemisticamente, em "Solução Final".[11]

Seria ainda interessante mencionar que essas meninas e mulheres naturais da Galícia e outras regiões da Europa Central e Oriental, alvos da exploração sexual, foram exportadas para as Américas, para o Oriente Médio e para a China por meio de uma ampla rede de cafetinagem internacional que tem início em meados do século XIX e só se encerra com a

---

9 "A 'imoralidade' das mulheres da Galícia". Cf. Pavan, C. F. (2020). Tradução de textos selecionados da obra de Bertha Pappenheim. *outra travessia*, *1*(29), p. 125.

10 Cf. respectivamente: Berthold, P. [Pappenheim, B.] (1900). *Zur Judenfrage in Galizien* [Sobre a questão judaica na Galícia]. Frankfurt: Knauer; Marx, K. ([1843]1844/2010). *Sobre a questão judaica* (N. Schneider, trad.). São Paulo: Boitempo.

11 A "Solução Final da Questão Judaica" foi a última etapa do processo de perseguição e assassinato sistemáticos das populações judaicas da Europa coordenado e perpetrado pelo Estado alemão. Mas é a partir da Conferência de Wannsee, em janeiro de 1942, reunião que reuniu o alto escalão do governo nazista e líderes da SS, que é decidido que a máquina de morte do III Reich levaria até o fim o plano de genocídio e destruição em massa dos judeus europeus.

eclosão da Segunda Guerra Mundial. Conhecidas como "polacas" na Argentina, no Brasil e no restante da América Latina, essas mulheres chegam no país a partir de 1867 e exercem suas atividades em Santos, São Paulo e Rio de Janeiro, entre outras cidades brasileiras — bem como em Buenos Aires, Nova York, Xangai e na região Palestina. Aonde vão, fundam associações de ajuda mútua criadas por elas e para elas, com sinagogas e cemitérios próprios.

Como explica a historiadora brasileira Beatriz Kushnir, autora de estudos pioneiros sobre as polacas brasileiras a partir dos anos 1990, o termo "polaca" deve-se não apenas à origem geográfica dessas mulheres — com especial presença de jovens da Galícia, região que compreende territórios das modernas Polônia e Ucrânia —, como também ao fato de que a primeira associação de ajuda mútua fundada em Buenos Aires, em 1906, chamou-se "Sociedade de Ajuda Mútua Varsóvia", posteriormente dividida e renomeada como "Sociedade de Ajuda Mútua Zwi Migdal" e "Asquenazim". Fenômeno bastante complexo e aparentemente contraditório se usada uma lente de leitura simplista, a mesma sociedade, a "Zwi Migdal", que ficou identificada como "a mais famosa rede de organização de tráfico de escravas brancas", chamada por muitos de "máfia", foi fundada pelas próprias polacas, cafetinas e cafetões, visando exercer e garantir formas de proteção assistencial a seus membros.[12]

12 Kushnir, B. (1996). *Baile de máscaras: mulheres judias e prostituição: as Polacas e suas Associações de Ajuda Mútua*. Rio de Janeiro: Imago, p. 96.

De acordo com intervenções recentes de Beatriz Kushnir,[13] cuja pesquisa critica a ideia de tráfico internacional como aliciamento violento e enganoso — ainda que muitas dessas jovens polacas possam ter sido ludibriadas por cafetões inescrupulosos e suas falsas promessas de casamentos igualmente falsos —, a maior parte delas já exercia a prostituição em seus países de origem, aderindo a esse tipo de promessa para fugir da miséria e tentar uma vida melhor, mesmo que no contexto cruel da prostituição. É ainda hoje difícil mensurar o grau de coerção, violência e dominação exercido sobre essas mulheres, já que, de acordo com fontes diversas, muitas foram vendidas, sequestradas, literalmente escravizadas, enquanto outras tornaram-se elas próprias cafetinas, gozando de autonomia e prosperando em seus negócios.

Mas o mais interessante, informação que talvez Bertha Pappenheim não conhecesse, é o fato de que as polacas, totalmente à margem das comunidades judaicas locais, sem poder frequentar sinagogas e sem direito a sepultamento regular em cemitérios israelitas, organizaram-se coletivamente em seus países de destino para construir uma vida — e sobretudo uma morte — mais digna.[14] Para elas, em especial as iletradas,

---

13 "Polacas: prostitutas judias", podcast número 57 da série *E eu com isso?*, uma realização do Instituto Brasil-Israel (IBI), lançado em 18 de março de 2020, com a participação de Beatriz Kushnir e as entrevistadoras Marília Neustein e Anita Efraim.

14 Além de suas associações de ajuda mútua, as polacas deixaram como legado algumas palavras do léxico em português brasileiro, como *encrenca*, *sacanagem* e *cafetão*. "Encrenca" é derivada do iídiche "ein krenke" (um doente), expressão usada pelas polacas como um alerta, para designar homens portadores de doenças

podemos supor que ter o nome grafado em lápides de pedra era uma maneira não apenas de pertencerem e retornarem a uma origem, como também de serem inscritas no livro da vida.[15]

Ao longo de sua vida vertiginosa, até o apagamento de seu nome durante a Shoah,[16] Bertha Pappenheim dedicou-se a combater o estigma e o preconceito que recaíam sem piedade sobre os terríveis trinômios: mulher, judia e prostituta; mulher, judia e mãe solteira; mulher, judia e esposa abandonada; mulher, judia e órfã. Marginalizadas pelo regime patriarcal,

---

venéreas. Já "sacanagem" deriva do iídiche "sacaná" (perigo), termo usado pelas polacas nos momentos em que a polícia adentrava os bordéis. E "cafetão", bem como "cafetina" e "cafetinagem", derivam do iídiche "cáften" ou "cáftan" (túnica com mangas longas e abotoada na frente, feita de lã, seda ou algodão, vestida por russos, persas, marroquinos e outros povos), designação usada pelas polacas ao se referirem a seus proxenetas. As etimologias dessas palavras podem ser verificadas em fontes diversas e alguns dicionários. Cf. Domingues, J. E. (2022). "Encrenca" e "sacana": palavras originadas no tráfico de mulheres. *Ensinar História*. Disponível em: https://ensinarhistoria.com.br/encrenca-e-sacana-palavras-originadas-no-trafico-de-mulheres.

15 Fazemos aqui referência à importância atribuída à nomeação pela tradição judaica: no Yom Kippur, Dia do Perdão, a mais importante data religiosa para os judeus, na qual se faz um balanço ético do ano que passou, deseja-se ao outro "G'mar khatimá tová", algo como "que sejamos inscritos no livro da vida com uma boa assinatura".

16 Preferimos o termo hebraico "Shoah", que nomeia uma destruição, desastre ou devastação radical, aquela que deixaria a terra arrasada, reduzida a nada, em lugar do usual "Holocausto". Presente no livro do Gênesis como sinônimo de sacrifício, o termo Holocausto, de acordo com diversos críticos, emprestaria um caráter voluntário e passivo à eliminação de seis milhões de judeus durante a Segunda Guerra Mundial, estabelecendo um sentido de inevitabilidade histórica e divina, como se o extermínio judeu fosse um destino já traçado há dois mil anos para a expiação de uma culpa original.

excluídas pela ortodoxia judaica e perseguidas pelo antissemitismo europeu, essas criaturas marcadas pela pobreza e pela invisibilidade social certamente puderam encontrar amparo subjetivo e abrigo material nas palavras, nas ações públicas e nos lares criados por ela. A partir de sua íntima relação com o sagrado, quem sabe Bertha pudesse evocar as palavras do profeta bíblico Isaías: "E eu lhes darei um nome imperecível".[17]

Sabemos que, de acordo com certa tradição rabínica, recebemos e conquistamos diferentes nomes ao longo de nossas vidas. Não por acaso, Bertha deixou de ser Anna O., deixou de ser Paul Berthold, deixou de ser anônima, e fez parte de uma geração de intelectuais judeus alemães como Walter Benjamin, Gershom Scholem, Siegfried Kracauer,[18] Ernst Bloch, Franz Rosenzweig e o amigo próximo Martin Buber. Não sem demora e certamente não sem dor, tais metamorfoses do corpo e dos nomes foram possíveis porque Bertha conseguiu se emancipar de seus sintomas de juventude, se liberar do que lhe aprisionava e constringia, inventar outras formas de vida, essas mais moventes, tomando distância da fixação do *Heim* (o lar familiar), termo que, curiosamente, carregava como parte do próprio nome. Talvez por isso, pela

---

17 Tal provérbio (Is. 56:5) é citado em francês por Claude Lanzmann como epígrafe de seu monumental documentário *Shoah* (1985): "Et je leur donnerai un Nom impérissable". No original bíblico: "Je leur donnerai un nom éternel, Qui ne périra pas" [Eu lhes darei um nome eterno, Que não perecerá].

18 Bertha Pappenheim é mencionada em recente biografia sobre Siegfried Kracauer, no contexto das amizades e dos círculos intelectuais frankfurtianos dos quais fazia parte. Cf. Später, J. (2023). *Siegfried Kracauer, une biographie.* Paris: Ithaque, p. 67.

recusa à fixação e ao estabelecimento de um território nacional para os judeus europeus, Bertha fosse convictamente antissionista. Como no caso de alguns intelectuais judeus alemães de sua geração, ainda que fosse poliglota,[19] sua pátria era a língua alemã, língua materna.

Portanto, nem histérica, bruxa ou filha abnegada. Nem dissimulada, afásica ou delirante. Parafraseando a célebre *boutade* de Simone de Beauvoir, decerto antecipada por Freud em sua conferência "A feminilidade",[20] de 1933, poderíamos dizer que Bertha não nasceu mulher, mas tornou-se uma ao construir para si um estilo, ao tornar sua voz audível, ao transformar seu "teatro particular", como ela própria referia-se à expressão de seus devaneios e fantasias, em uma atuação pública — ainda que tingida por marcas trágicas. Como diz em alto e bom som a personagem Alice ao final de sua peça *Direito da mulher*, que integra esta publicação (com grifo nosso): "Eu vou com você, mas só até onde o meu dever como mãe da nossa filha exigir, e para *salvar a minha filha do meu destino*".[21]

Por meio de sua audaciosa capacidade crítica e de criação, Bertha Pappenheim, até o fim de seus dias, fez da imaginação uma faculdade política. Não se casou nem teve filhos

---

19 Consta que Bertha Pappenheim era falante fluente, além do alemão, de hebraico, francês, inglês e italiano.

20 "Corresponde à singularidade da psicanálise não querer descrever o que a mulher é — isso seria para ela uma tarefa quase impossível de resolver —, mas, sim, pesquisar como ela se torna mulher [...]". Freud, S. (1933/2018). A feminilidade. In *Amor, sexualidade, feminilidade* (M. R. Salzano Moraes, trad; G. Iannini & P. H. Tavares, org). Belo Horizonte: Autêntica, p. 246.

21 Cf. neste volume: Pappenheim, B. (1899). Direito da mulher, p. #.

biológicos, mas, até onde a história do século XX permitiu aos judeus europeus, conseguiu salvar da penúria e da marginalidade extrema bebês de colo, meninas órfãs, jovens grávidas, mães solteiras, prostitutas e mulheres abandonadas — filhas simbólicas que, em sua imensa maioria, morreriam posteriormente asfixiadas em câmaras de gás.

Para quem conhece sua história, este livro é uma surpresa. Para quem nunca tinha ouvido falar em Bertha Pappenheim, este livro é um espanto. Que seja o primeiro de muitos ainda por vir.

Índice onomástico

GRÁFICA PAYM
Tel. [11] 4392-3344
paym@graficapaym.com.br